CATECISMO DA FILOSOFIA
E OUTROS OPÚSCULOS

Huberto Rohden

TEXTO INTEGRAL

2ª EDIÇÃO

O TEXTO DESTE LIVRO ESTÁ CONFORME O
ACORDO ORTOGRÁFICO DA LÍNGUA PORTUGUESA (1990)

Dados Internacionais de Catalogação na Publicação (CIP)
(Câmara Brasileira do Livro, SP, Brasil)

Rohden, Huberto, 1893-1981.
 Catecismo da filosofia e outros opúsculos /
Huberto Rohden. -- São Paulo : Martin Claret, 2009.
-- (Coleção a obra-prima de cada autor ; 299)

 "Texto integral"
 ISBN 978-85-7232-786-2

 1.Antropologia filosófica 2. Espiritualismo
(Filosofia) 3. Deus 4.Religião - Filosofia I. Título. II.
Série.

09-06680   CDD-210.1

Índices para catálogo sistemático:

1. Religião: Filosofia : 210.1

COLEÇÃO A OBRA-PRIMA DE CADA AUTOR

Catecismo da Filosofia
e Outros Opúsculos

Huberto Rohden

TEXTO INTEGRAL

MARTIN CLARET

CRÉDITOS

© *Copyright*: Martin Claret Leonardo, 1980.

**IDEALIZAÇÃO E
COORDENAÇÃO**
Martin Claret

ASSISTENTE EDITORIAL
Rosana Gilioli Citino

CAPA
Ilustração
Marcellin Talbot

MIOLO

Revisão
Lucia Brandão

Projeto Gráfico
José Duarte T. de Castro

Direção de Arte
José Duarte T. de Castro

Editoração Eletrônica
Editora Martin Claret

Papel
Off-Set, 70g/m²

Impressão e Acabamento
PSI7

Editora Martin Claret Ltda. – Rua Alegrete, 62 – Bairro Sumaré
CEP: 01254-010 – São Paulo – SP
Tel.: (0xx11) 3672-8144 – Fax: (0xx11) 3673-7146

www.martinclaret.com.br / editorial@martinclaret.com.br

Agradecemos a todos os nossos amigos e colaboradores — pessoas físicas e jurídicas — que deram as condições para que fosse possível a publicação deste livro.

Impresso em 212

PALAVRAS DO EDITOR

A história do livro e a coleção "A Obra-Prima de Cada Autor"

MARTIN CLARET

Que é o livro? Para fins estatísticos, na década de 1960, a UNESCO considerou o livro "uma publicação impressa, não periódica, que consta de no mínimo 56 páginas, sem contar as capas".

O livro é um produto industrial.

Mas também é mais do que um simples produto. O primeiro conceito que deveríamos reter é o de que o livro como objeto é o veículo, o suporte de uma informação. O livro é uma das mais revolucionárias invenções do homem.

A *Enciclopédia Abril* (1972), publicada pelo editor e empresário Victor Civita, no verbete "livro" traz concisas e importantes informações sobre a história do livro. A seguir, transcrevemos alguns tópicos desse estudo didático.

O livro na Antiguidade

Antes mesmo que o homem pensasse em utilizar determinados materiais para escrever (como, por exemplo, fibras vegetais e tecidos), as bibliotecas da Antiguidade estavam repletas de textos gravados em tabuinhas de barro cozido. Eram os primeiros "livros", depois progressivamente modificados até chegarem a ser feitos — em grandes tiragens — em papel impresso mecanicamente, proporcionando facilidade de leitura e transporte. Com eles, tornou-se possível, em todas as épocas, transmitir fatos, acontecimentos históricos, descobertas, tratados, códigos ou apenas entretenimento.

Como sua fabricação, a função do livro sofreu enormes modificações dentro das mais diversas sociedades, a ponto de constituir uma mercadoria especial, com técnica, intenção e utilização determinadas. No moderno movimento editorial das chamadas sociedades de consumo, o livro pode ser considerado uma mercadoria cultural, com maior ou menor significado no contexto socioeconômico em que é publicado. Enquanto mercadoria, pode ser comprado, vendido ou trocado. Isso não ocorre, porém, com sua função intrínseca, insubstituível: pode-se dizer que o livro é essencialmente um instrumento cultural de difusão de ideias, transmissão de conceitos, documentação (inclusive fotográfica e iconográfica), entretenimento ou ainda de condensação e acumulação do conhecimento. A palavra escrita venceu o tempo, e o livro conquistou o espaço. Teoricamente, toda a humanidade pode ser atingida por textos que difundem ideias que vão de Sócrates e Horácio a Sartre e McLuhan, de Adolf Hitler a Karl Marx.

Espelho da sociedade

A história do livro confunde-se, em muitos aspectos, com a história da humanidade. Sempre que escolhem frases e temas, e transmitem ideias e conceitos, os escritores estão elegendo o que consideram significativo no momento histórico e cultural que vivem. E, assim, fornecem dados para a análise de sua sociedade. O conteúdo de um livro — aceito, discutido ou refutado socialmente — integra a estrutura intelectual dos grupos sociais.

Nos primeiros tempos, o escritor geralmente vivia em contato direto com seu público, que era formado por uns poucos letrados, já cientes das opiniões, ideias, imaginação e teses do autor, pela própria convivência que tinham com ele. Muitas vezes, mesmo antes de ser redigido o texto, as ideias nele contidas já haviam sido intensamente discutidas pelo escritor e parte de seus leitores. Nessa época, como em várias outras, não se pensava na enorme porcentagem de analfabetos. Até o século XV, o livro servia exclusivamente a uma pequena minoria de sábios e estudiosos que constituíam os círculos intelectuais (confinados aos mosteiros durante o começo da Idade Média) e que tinham acesso às bibliotecas, cheias de manuscritos ricamente ilustrados.

Com o reflorescimento comercial europeu, nos fins do século XIV, burgueses e comerciantes passaram a integrar o mercado livreiro da época. A erudição laicizou-se e o número de escritores aumentou, surgindo também as primeiras obras escritas em línguas que não o latim e o grego (reservadas aos textos clássicos e aos assuntos considerados dignos de atenção). Nos séculos XVI e XVII, surgiram diversas literaturas nacionais, demonstrando, além do florescimento intelectual da época, que a população letrada dos países europeus estava mais capacitada a adquirir obras escritas.

Cultura e comércio

Com o desenvolvimento do sistema de impressão de Gutenberg, a Europa conseguiu dinamizar a fabricação de livros, imprimindo, em cinquenta anos, cerca de 20 milhões de exemplares para uma população de quase 10 milhões de habitantes, cuja maioria era analfabeta. Para a época, isso significou enorme revolução, demonstrando que a imprensa só se tornou uma realidade diante da necessidade social de ler mais.

Impressos em papel, feitos em cadernos costurados e posteriormente encapados, os livros tornaram-se empreendimento cultural e comercial: os editores passaram logo a se preocupar com melhor apresentação e redução de preços. Tudo isso levou à comercialização do livro. E os livreiros baseavam-se no gosto do público para imprimir, principalmente obras religiosas, novelas, coleções de anedotas, manuais técnicos e receitas.

Mas a porcentagem de leitores não cresceu na mesma proporção que a expansão demográfica mundial. Somente com as modificações socioculturais e econômicas do século XIX — quando o livro começou a ser utilizado também como meio de divulgação dessas modificações e o conhecimento passou a significar uma conquista para o homem, que, segundo se acreditava, poderia ascender socialmente se lesse — houve um relativo aumento no número de leitores, sobretudo na França e na Inglaterra, onde alguns editores passaram a produzir obras completas de autores famosos, a preços baixos. O livro era então interpretado como símbolo de liberdade, conseguida por conquistas culturais. Entretanto, na maioria dos países, não houve nenhuma grande modificação nos índices porcentuais até o fim da Primeira Guerra Mundial (1914/18), quando surgiram as primeiras grandes tiragens de um só livro, principalmente romances, novelas e textos didáticos. O número elevado de cópias, além de baratear o preço da unidade, difundiu ainda mais a literatura. Mesmo assim, a maior parte da população de muitos países continuou distanciada, em parte porque o livro, em si, tinha sido durante muitos séculos considerado objeto raro, atingível somente por um pequeno número de eruditos. A grande massa da população mostrou maior receptividade aos jornais, periódicos e folhetins, mais dinâmicos e atualizados, e acessíveis ao poder aquisitivo da grande maioria. Mas isso não chegou a ameaçar o livro como símbolo cultural de difusão de ideias, como fariam, mais tarde, o rádio, o cinema e a televisão.

O advento das técnicas eletrônicas, o aperfeiçoamento dos métodos fotográficos e a pesquisa de materiais praticamente imperecíveis fazem alguns teóricos da comunicação de massa pensarem em um futuro sem os livros tradicionais (com seu formato quadrado ou retangular, composto de folhas de papel, unidas umas às outras por um dos lados). Seu conteúdo e suas mensagens (racionais ou emocionais) seriam transmitidos por outros meios, como por exemplo microfilmes e fitas gravadas.

A televisão transformaria o mundo todo em uma grande "aldeia" (como afirmou Marshall McLuhan), no momento em que todas as sociedades decretassem sua prioridade em relação aos textos escritos. Mas a palavra escrita dificilmente deixaria de ser considerada uma das mais importantes heranças culturais, entre todos os povos.

Através de toda a sua evolução, o livro sempre pôde ser visto como objeto cultural (manuseável, com forma entendida e interpretada em função de valores plásticos) e símbolo cultural (dotado de conteúdo, entendido e interpretado em função de valores semânticos). As duas maneiras podem fundir-se no pensamento coletivo, como um conjunto orgânico (onde texto e arte se completam, por exemplo, em um livro de arte) ou apenas como um conjunto textual (onde a mensagem escrita vem em primeiro lugar — em um livro de matemática, por exemplo).

A mensagem (racional, prática ou emocional) de um livro é sempre intelectual e pode ser revivida a cada momento. O conteúdo, estático em si, dinamiza-se em função da assimilação das palavras pelo leitor, que pode discuti-las, reafirmá-las, negá-las ou transformá-las. Por isso, o livro pode ser considerado instrumento cultural capaz de liberar informação, sons, imagens, sentimentos e ideias através do tempo e do espaço. A quantidade e a qualidade de ideias colocadas em um texto podem ser aceitas por uma sociedade, ou por ela negadas, quando entram em choque com conceitos ou normas culturalmente admitidos.

Nas sociedades modernas, em que a classe média tende a considerar o livro como sinal de *status* e cultura (erudição), os compradores utilizam-no como símbolo mesmo, desvirtuando suas funções ao transformá-lo em livro-objeto. Mas o livro é, antes de tudo, funcional — seu conteúdo é que lhe dá valor (os livros de ciências, filosofia, religião, artes, história e geografia, que representam cerca de 75% dos títulos publicados anualmente em todo o mundo).

O mundo lê mais

No século XX, o consumo e a produção de livros aumentaram progressivamente. Lançado logo após a Segunda Guerra Mundial (1939/45), quando uma das características principais da edição de um livro eram as capas entreteladas ou cartonadas, o livro de bolso constituiu um grande êxito comercial. As obras — sobretudo *best sellers* publicados algum tempo antes em edições de luxo — passaram a ser impressas em rotativas, como as revistas, e distribuídas nas bancas de jornal. Como as tiragens elevadas permitiam preços muito baixos, essas edições de bolso popularizaram-se e ganharam importância em todo o mundo.

Até 1950, existiam somente livros de bolso destinados a pessoas de baixo poder aquisitivo; a partir de 1955, desenvolveu-se a categoria do livro de bolso "de luxo". As características principais destes últimos eram a abundância de coleções — em 1964 havia mais de duzentas, nos Estados Unidos — e a variedade de títulos, endereçados a um público intelectualmente mais refinado. A essa diversificação das categorias adiciona-se a dos pontos de venda, que passaram a abranger, além das bancas de jornal, farmácias, lojas, livrarias, etc. Assim, nos Estados Unidos, o número de títulos publicados em edições de bolso chegou a 35 mil em 1969, representando quase 35% do total dos títulos editados.

Proposta da coleção
"A Obra-Prima de Cada Autor"

"Coleção" é uma palavra há muito tempo dicionarizada e define o conjunto ou reunião de objetos da mesma natureza ou que têm alguma relação entre si. Em um sentido editorial, significa o conjunto não limitado de obras de autores diversos, publicado por uma mesma editora, sob um título geral indicativo de assunto ou área, para atendimento de segmentos definidos do mercado.

A coleção "A Obra-Prima de Cada Autor" corresponde plenamente à definição acima mencionada. Nosso principal objetivo é oferecer, em formato de bolso, a obra mais importante de cada autor, satisfazendo o leitor que procura qualidade.*

Desde os tempos mais remotos existiram coleções de livros. Em Nínive, em Pérgamo e na Anatólia existiam coleções de obras literárias de grande importância cultural. Mas nenhuma delas superou a célebre biblioteca de Alexandria, incendiada em 48 a.C. pelas legiões de Júlio César, quando estas arrasaram a cidade.

A coleção "A Obra-Prima de Cada Autor" é uma série de livros a ser composta por mais de 400 volumes, em formato de bolso, com preço altamente competitivo, e pode ser encontrada em centenas de pontos de venda. O critério de seleção dos títulos foi o já estabelecido pela tradição e pela crítica especializada. Em sua maioria, são obras de ficção e filosofia, embora possa haver textos sobre religião, poesia, política, psicologia e obras de autoajuda. Inauguram a coleção quatro textos clássicos: *Dom Casmurro*, de Machado de Assis; *O Príncipe*, de Maquiavel; *Mensagem*, de Fernando Pessoa; e *O lobo do mar*, de Jack London.

Nossa proposta é fazer uma coleção quantitativamente aberta. A periodicidade é mensal. Editorialmente, sentimo-nos orgulhosos de poder oferecer a coleção "A Obra-Prima de Cada Autor" aos leitores brasileiros. Nós acreditamos na função do livro.

---

* Atendendo a sugestões de leitores, livreiros e professores, a partir de certo número da coleção começamos a publicar, de alguns autores, outras obras além da sua obra-prima.

Advertência

A substituição da tradicional palavra latina *crear* pelo neologismo moderno *criar* é aceitável em nível de cultura primária, porque favorece a alfabetização e dispensa esforço mental — mas não é aceitável em nível de cultura superior, porque deturpa o pensamento.

Crear é a manifestação da Essência em forma de existência — *criar* é a transição de uma existência para outra existência.

O Poder Infinito é o *creador* do Universo — um fazendeiro é um *criador* de gado.

Há entre os homens gênios *creadores*, embora não sejam talvez *criadores*.

A conhecida lei de Lavoisier diz que "na natureza nada se *crea* nada se aniquila, tudo se transforma"; se grafarmos "nada se *crea*", esta lei está certa, mas se escrevemos "nada se *cria*", ela resulta totalmente falsa.

Por isto, preferimos a verdade e a clareza do pensamento a quaisquer convenções acadêmicas.

Explicações necessárias

MARTIN CLARET

N a condição de legatário e editor da obra literária do professor Huberto Rohden, sinto-me no dever de vir, aqui nesta Introdução, prestar algumas informações aos seus ex-alunos e leitores, sobre este pequeno mas importante texto de sua autoria.

Huberto Rohden era sobretudo um professor. Um professor consciente e responsável, cujo trabalho sempre convergia para essa vertente cultural — a educação do ser humano.

O opúsculo *Catecismo da filosofia* foi escrito com o principal objetivo de informar e ensinar a seus milhares de leitores e alunos. Significativamente ele afirma, no Prefácio: "Considero este pequeno volume mais importante que qualquer outro livro meu". Esta declaração quantitativa e qualitativa nos levou à decisão de reeditar a obra, há bastante tempo esgotada. Para sermos mais precisos, a segunda edição fora impressa em agosto de 1965 pela Livraria Freitas Bastos. A primeira edição possivelmente veio às livrarias em 1953 logo após Rohden ter voltado dos Estados Unidos da América.

Posteriormente, em 1968, o professor Rohden abordou, no seu livro *Orientando para a sua autorrealização*, muitos tópicos aqui esboçados de maneira menos extensa. Aliás, essa promessa ele a fizera, quando havia publicado, pela primeira vez, o *Catecismo da filosofia*. Entretanto, este opúsculo é a raiz e a fonte geradora do livro *Orientando para a sua autorrealização*. Era da natureza do professor Rohden dar respostas completas aos seus muitos alunos e leitores, que o liam ou frequentavam as suas aulas e Retiros Espirituais.

Diz Rohden: "Quase todas as nossas ideologias teológicas nasceram séculos atrás, a maior parte na Idade Média, e o seu conteúdo eterno não foi até hoje revestido de uma roupagem que um homem pensante e espiritual da Era Atômica e Cosmonáutica possa aceitar.

Nos séculos pretéritos, a humanidade quase nada sabia de certo sobre o universo e sobre o homem; e, como Deus só é conhecido através do universo e do homem, a ignorância do mundo e do homem gerava a ignorância sobre Deus.

O universo era geocêntrico, tendo por centro a nossa Terra, e o homem era egocêntrico, tendo como realidade central o seu ego.

Que teologia poderíamos construir sobre estes dois erros?

Sabemos, hoje, que nem o nosso sistema solar (e menos ainda o cosmo) tem por eixo central o planeta Terra, nem a natureza humana tem por foco real o nosso ego personal.

Urge, pois, reconstruir os nossos conhecimentos espirituais sobre uma base mais real, verdadeira e certa".

Por sugestão de livreiros, professores e de muitos de nossos leitores, estamos incluindo neste pequeno volume, como parte complementar, outros trabalhos de autoria de Rohden, intitulados *Saúde e felicidade pela cosmo-meditação; Aconteceu entre 2000 e 3000; Ciência, milagre e oração são compatíveis?; Autoiniciação e cosmo-meditação; Filosofia univérsica — sua origem, sua natureza e sua finalidade* igualmente esgotados e muito solicitados. Esta segunda parte também é um texto super essencializado e completa pedagogicamente a primeira parte, fornecendo instruções para exercícios espirituais, ou seja, a Cosmo-Meditação[1] — que Rohden recomendava como o fundamento para uma vida plena e feliz.

Encerrando esta Introdução, transcrevemos as seguintes palavras do professor Huberto Rohden: "Esperamos que este *Catecismo da filosofia* possa servir de seta orientadora à beira da estrada, nessa grande encruzilhada mental-espiritual em que se acha a Humanidade da Era Atômica e Cosmonáutica.

---

[1] Foram mantidas com hífen algumas palavras que se tornaram conceitos na filosofia do autor. (N. do E.)

A seta só cumpre a sua missão quando, depois de contemplada, é abandonada; se o viandante se agarrasse à seta indicadora e não seguisse avante, rumo à ponta orientadora, deixaria de cumprir a silenciosa intenção da mesma.

Olha, pois, leitor amigo, na direção apontada por este livrinho — e depois passa além, seguindo viagem, rumo ao teu grande destino, em demanda do infinito, onde não há luz-vermelha de "trânsito impedido", mas somente a luz-verde de um progresso sem fim...".

Catecismo da filosofia

Verdades básicas sobre Deus, o homem e o universo, para todos os amigos da verdade na Era Atômica e Cosmonáutica

Prelúdio

Considero este pequeno volume mais importante que outro livro meu qualquer. Oportunamente, espero poder escrever extenso comentário explicativo para cada um dos tópicos ligeiramente esboçados neste opúsculo.

Quase todos os meus leitores, creio, já frequentaram aulas de Catecismo da Doutrina Cristã, ou Escola Dominical. Aí ouviram falar e tiveram de aprender coisas básicas sobre Deus, o homem, o mundo, o pecado, a redenção, o Cristo, a Igreja, a revelação divina, a graça, a fé, os sacramentos, o céu e o inferno, etc.

Sigo, neste livrinho, o esquema tradicional do Catecismo, mas dou-lhe outro conteúdo.

A forma em que hoje vazamos a fé cristã, diz um escritor moderno, pertence a todos os tempos.

Quase todas as nossas ideologias teológicas nasceram séculos atrás, a maior parte na Idade Média, e o seu conteúdo eterno não foi até hoje revestido de uma roupagem que um homem pensante e espiritual da Era Atômica e Cosmonáutica possa aceitar.

Nos séculos pretéritos, a humanidade quase nada sabia de certo sobre o universo e sobre o homem; e, como Deus só é conhecido através do universo e do homem, a ignorância do mundo e do homem gerava a ignorância sobre Deus.

O universo era *geocêntrico*, tendo por centro a nossa Terra, e o homem era *egocêntrico*, tendo como realidade central o seu ego.

Que teologia poderíamos construir sobre estes dois erros?

Sabemos hoje que nem o nosso sistema solar (e menos ainda o

cosmo) tem por eixo central o planeta Terra, nem a natureza humana tem por foco real o nosso ego pessoal.

Urge, pois, reconstruir os nossos conhecimentos espirituais sobre uma base mais real, verdadeira e certa.

É o que tentamos fazer, em modesta escala, nas páginas seguintes.

Entretanto, não nos iludamos. Haverá imensa gritaria de protesto da parte dos tradicionalistas, porquanto, no princípio, toda inovação parece erro. O homem sem experiência própria só encontra segurança pessoal na *multidão* e na *tradição*; o que muitos pensam e dizem, e já pensaram e disseram através de séculos e milênios, isto parece ter, para os "reboquistas", foros de verdade, e só isto lhes dá uma espécie de segurança (embora ilusória) no meio da insegurança do mundo espiritual. Por isso, o homem comum se agarra freneticamente às muletas dos muitos, no tempo e no espaço, e detesta como elementos demolidores os pioneiros de ínvias florestas e mares nunca dantes navegados.

> Muito se pode dizer a poucos.
> Pouco se pode dizer a muitos.
> Muito nunca se pode dizer a muitos.

Nestas páginas, vamos *dizer muito* — muito em qualidade, embora pouco em quantidade — e este muito que vamos dizer só pode ser dito a poucos. Muitos talvez o leiam, mas poucos o poderão assimilar. Mas, se esses poucos estabelecerem uma "reação em cadeia", poderá acontecer, um dia, um benéfico incêndio mundial e levar a infeliz humanidade a regiões mais felizes.

Os sábios e os santos, quando vivos, são geralmente perseguidos; depois de mortos, são, não raro, admirados e canonizados. É que eles, em vida, haviam avançado séculos e milênios de evolução — e isto destruía a cômoda segurança dos muitos, que escoravam a sua pseudossegurança em elementos de *massa* e *tradição*.

A mensagem do Cristo, lançada há quase dois mil anos, era tão inaudita novidade que a sinagoga de Israel, amiga das coisas velhas, viu no Cristo o pior inimigo de Deus e da religião, e não descansou enquanto não viu o seu inimigo número um expirar na cruz.

E ainda em nossos dias, quase em vésperas do segundo milênio da "redenção", a mensagem do Cristo é tão escandalosamente nova que as nossas chamadas Igrejas cristãs acharam mais seguro regressar às ideologias tradicionais da velha sinagoga decadente de Israel.

No princípio do quarto século, sob a égide de Constantino Magno, fez a Igreja cristã (não todos os cristãos!) essa grande reviravolta, do Evangelho do Cristo para a Torá de Moisés. Hoje, o âmago do cristianismo eclesiástico é tipicamente judaico — haja vista a ideia do pecado original, do Deus ausente, da redenção de fora, do céu e do inferno como lugares definitivos, etc.

Por mais estranho que pareça, Israel, com seu número de habitantes de apenas 10 milhões, está dominando o mundo em três setores: na religião, na ciência e nas finanças.

O cristianismo eclesiástico, com quase um bilhão de adeptos, o islamismo muçulmano, com cerca de 300 milhões, e o próprio judaísmo — todo o Ocidente civilizado e o Oriente Médio pensam ainda pelo cérebro de Abraão, Isaac, Jacó e Moisés...

Alfred Rosenberg, o evangelista do nazismo, tentou provar, no seu livro *Der Mythus des zwanzigsten Jahrhunderts* (O mito do século XX), que Jesus não era judeu. Embora talvez não o tenha provado historicamente, o certo é que tinha razão no plano ideológico, porque a mensagem do Cristo é visceralmente antijudaica — ao passo que o caráter das nossas teologias "cristãs" é quase totalmente judaico.

Entretanto, em todos os países do mundo, nesses últimos decênios, está se manifestando um crescente "retorno ao Cristo do Evangelho"; isto é, um salto de quase dezessete séculos, a fim de reatar o fio da autêntica e integral mensagem crística lá onde esse fio foi roto, em princípios do quarto século. Os movimentos, New Thought, Self-Realization, New Outlook, Neugeist, Seicho-no-Ie e, entre nós, Alvorada — que são eles senão uma sincera e honesta tentativa de ressuscitar o Cristo do Evangelho e o cristianismo das catacumbas?

A mais numerosa e conhecida das Igrejas cristãs no Brasil é tipicamente agostiniano-tomista, ou seja, ritualista-escolástica. Outro setor da Igreja cristã, embora se diga evangélico, é sobretudo bíblico-paulino, baseado nas epístolas de Paulo e na reforma de Lutero. Não tiveram a coragem de voltar até ao Evangelho do Cristo, à experiência crística sem teologia humana. Estagnaram em teologias humanas.

Os movimentos acima mencionados, e outros, tentam dar o grande salto por cima das teologias paulina, agostiniana, tomista, luterana e outras, e redescobrir o próprio Cristo.

O grande pensador hindu Radhakrisnan, vice-presidente da Índia no tempo de Nehru, diz acertadamente, no seu livro *Religiões orientais* e *filosofia ocidental*, que o cristianismo do Cristo é essencialmente uma experiência mística individual, que se manifesta em vivência ética social.

O maior triunfo do "príncipe deste mundo" é, sem dúvida, o fato de ter conseguido hastear a bandeira do Cristo sobre o quartel-general do Anticristo. Albert Schweitzer, parafraseando este pensamento, afirma que os cristãos do Ocidente inventaram um soro com que vacinam os homens, e quem é devidamente vacinado com o soro da nossa teologia cristã está imunizado contra o espírito do Cristo.

Mahatma Gandhi afina pelo mesmo diapasão quando responde aos missionários cristãos que o queriam converter: "Aceito o Cristo e seu Evangelho, não aceito o vosso cristianismo".

Em face disto, um escritor contemporâneo constatou esta verdade estupenda: "O melhor cristão do século XX é um pagão" (Gandhi).

Esperamos que este *Catecismo da filosofia* possa servir de seta orientadora à beira da estrada, nessa grande encruzilhada mental-espiritual em que se acha a humanidade da Era Atômica e Cosmonáutica.

A seta só cumpre a sua missão quando, depois de contemplada, é abandonada; se o viandante se agarrasse à seta indicadora e não seguisse avante, rumo à ponta orientadora, deixaria de cumprir a silenciosa intenção da mesma.

Olha, pois, leitor amigo, na direção apontada por este livrinho — e depois passa além, seguindo viagem, rumo ao teu grande destino em demanda do Infinito, onde não há luz-vermelha de "trânsito impedido", mas somente a luz-verde de um progresso sem fim...

Se necessitares de ulterior esclarecimento, lança mão de algum dos meus livros mais completos, ou de outros recursos, consoante a sugestão do divino Mestre:

"O mestre nas coisas do reino de Deus tira do seu tesouro coisas novas e coisas velhas"...

1. Deus

1 – *Que é Deus?*
Deus é a Causa Única e Infinita do universo, que se manifesta em vários efeitos finitos, como sejam: matéria, energia, luz, vida, inteligência, razão, consciência, amor, verdade, bondade, felicidade, etc.

2 – *Onde está Deus?*
Deus está em toda parte, transcendente a todas as coisas e imanente em todas elas.

3 – *Como podemos conhecer a Deus?*
Podemos conhecer a Deus somente como imanente nas coisas finitas, mas não como transcendente a elas.

4 – *Deus creou e conserva o mundo?*
Sim, Deus creou e conserva o mundo, no sentido de que todas as coisas vêm de Deus, estão em Deus e voltam a Deus.

5 – *O mundo é eterno e infinito?*
O mundo é eterno e infinito em sua causa ou essência, porém temporário e finito em seus efeitos ou existência.

6 – *Que quer dizer essência e existência?*
A essência é a Causa, a Realidade, o Ser Transcendente, que não teve princípio nem terá fim; a existência é uma manifestação parcial dessa essência total, e por isso teve princípio e terá fim.

7 – *Como sabemos da Realidade Infinita?*
Sabemos disto só por uma experiência interna e não pela percepção dos sentidos nem pela análise da inteligência, as quais, contudo, são necessárias como fatores preliminares da experiência espiritual.

8 – *Todas as existências finitas voltam para a essência infinita?*
Sim, todos os efeitos finitos voltam para a Causa Infinita, mas nem todos voltam do mesmo modo.

9 – *Qual a diferença entre uns e outros?*
Os seres inconscientes ou subconscientes, como são os do mundo infra-humano, quando morrem, dissolvem-se totalmente no Infinito, assim como as ondas que recaem no seio do mar; mas os seres conscientes e livres, como o homem, têm a possibilidade de voltar ao Infinito pela integração na essência universal, conservando a sua existência individual.

10 – *Pode-se dizer que o Universo é Deus?*
O Universo como efeito finito é uma manifestação de Deus, mas o Universo como causa infinita é Deus.

11 – *Deus tem atributos?*
Deus, como Realidade Universal, Infinita, Transcendente, não tem atributos; mas Deus assim como nós o conhecemos, imanente nas coisas finitas, tem os atributos humanos que nele projetamos.

12 – *Deus é bom?*
Deus não é bom nem mau, no sentido ético em que costumamos tomar estas palavras; Deus está para além do bem e do mal, no sentido metafísico, isto é, universal.

2. O homem

13 – *Que é o homem?*
O homem é a mais perfeita individuação consciente de Deus aqui na terra.

14 – *O homem tem alma?*
O homem é a alma, isto é, o próprio espírito de Deus em forma individual, a qual se manifesta por meio dos sentidos do corpo e dos pensamentos da inteligência.

15 – *O homem foi criado por Deus ou veio do animal?*
Todas as coisas finitas vêm do Infinito; a Fonte é uma só, os canais são vários; o homem veio da Fonte Única (Deus) e fluiu através de muitos canais finitos (organismos).

16 – *Criação e evolução são conceitos contrários?*
Não. Criação e evolução são conceitos complementares; todas as coisas emanadas do Infinito (criação) fluem e evolvem através de formas finitas (evolução).

17 – *Em que consistem a criação e a evolução?*
Criação é a manifestação parcial do Infinito em forma finita; evolução é a continuação dessa manifestação, de um finito menor para um finito maior.

18 – *Pode-se provar que o homem foi criado?*

Nenhum processo creador pode ser provado empiricamente, mas, como todo finito exige, em última análise, uma fonte Infinita, segue-se que todos os finitos derivam do Infinito, o que se chama creação.

19 – *Existe creação do nada?*
A suposta creação do nada é uma transição parcial do Todo para o Algo, mas não do Nada para o Algo; porém, como o Todo da essência é o Nada da existência, pode-se dizer que a creação é um processo do Nada existencial para o Algo existencial.

20 – *Que foi que a ciência provou da origem do homem?*
A ciência provou que o corpo físico do homem de hoje veio através de formas orgânicas anteriores, menos perfeitas.

21 – *Que é que a lógica racional diz da origem do homem?*
A lógica diz que o homem de hoje não é efeito do animal de ontem, porque nunca o efeito é maior que sua causa; o animal não é, pois, a causa ou fonte do homem, mas apenas a sua condição ou canal.

22 – *Não estava o homem de hoje contido potencialmente no animal de ontem?*
Estava, sim; não no sentido de que o animal contivesse em si o homem, mas no sentido de que o corpo animal serviu de veículo para canalizar a vida humana da Fonte Infinita através de vários canais finitos até seu estado atual.

23 – *Qual é, pois, a verdadeira origem do homem?*
A origem do homem é a mesma de todos os outros seres finitos, o Infinito; veio do Infinito da Fonte através de muitos finitos ou canais.

24 – *Pode o homem de hoje ultrapassar o seu estado atual?*
Pode, sim, porque a natureza, ou potencialidade, do homem é a racionalidade (razão), e o homem de hoje atingiu apenas a intelectualidade (intelecto).

25 – *Pode o homem intelectual produzir o homem racional?*
Em face da lógica e da matemática, não pode o menor causar o

maior; por isso, o homem intelectual de hoje não pode ser causa intrínseca do homem racional de amanhã; mas pode aquele ser condição extrínseca ou canal para este — assim, como em tempos pré-históricos, a inteligência humana de hoje veio através dos sentidos.

26 – *O homem pré-histórico era verdadeiro homem?*
Sim, porque ele era potencialmente o que o homem é hoje atualmente — assim como o homem intelectual de hoje é potencialmente o homem racional de amanhã; ninguém se torna explicitamente o que não é implicitamente.

27 – *Então, o potencial é maior que o atual?*
Sim, porque o atual é apenas uma manifestação parcial do potencial, que é o imanifesto total; a existência atual é menor que a essência potencial.

28 – *Há esperança de uma evolução ulterior do homem?*
Anatomicamente, o homem não mudará, provavelmente; mas funcionalmente os seus nervos cerebrais evolverão ainda, a fim de lhe possibilitar a captação de vibrações cósmicas que ele ainda não percebe hoje em dia.

29 – *Pode o homem acelerar sua evolução funcional?*
Pode, sim, afinando os seus nervos cerebrais, assídua e intensamente, por vibrações superiores do universo, captará o homem mensagens que hoje fogem à capacidade da sua antena receptora.

30 – *Qual o processo para essa sintonização superior?*
O processo consiste em excluir periodicamente da sua consciência física e mental as vibrações materiais dos sentidos e as vibrações mentais da inteligência e, nesse ambiente de quietação físico-mental, intensificar a sua consciência espiritual — até poder manter esta consciência espiritual no meio do mundo material e mental. (Ver a Segunda Parte deste opúsculo — *Saúde e felicidade pela cosmo-meditação*.)

31 – *Quantas vezes deve o homem praticar esta sintonização superior?*
Não se pode estabelecer regra geral para todos; se tomar meia

hora de manhã e meia hora à noite, para esse exercício, preparará o caminho para captar as vibrações superiores do universo, sabendo por intuição espiritual o que não conhece por análise mental.

3. Queda e redenção do homem

32 – *Houve uma queda do homem?*
Não no sentido tradicional das teologias, mas em outro sentido.

33 – *Em que sentido houve uma queda do homem?*
Houve uma transição do estado inconsciente e impecável do homem para o estado consciente e pecável; o homem do Éden não podia pecar por não ser bastante consciente e livre para distinguir entre o bem e o mal; mas o homem que despertou para a inteligência (serpente) adquiriu consciência e liberdade e pode pecar.

34 – *Pode o homem libertar-se do pecado?*
Sim, quando o homem atingir o estado plenamente consciente e livre, viverá em permanente harmonia com Deus, que é a redenção.

35 – *A transição do inconsciente para o consciente era pecado?*
A transição do estado inconsciente para o estado consciente não é pecado, mas pecabilidade, devido ao nascimento do consciente imperfeito, que ainda oscila entre o bem e o mal.

36 – *Teria sido melhor que o homem não se tornasse consciente?*
Não, a passagem do inconsciente para o consciente faz parte da evolução do homem; mas o homem deve ultrapassar esse estado do semiconsciente pecável e entrar no estado do pleniconsciente impecável.

37 – Que é o pleniconsciente impecável?

O pleniconsciente impecável é o estado em que o homem adquire a consciência plena da verdade sobre si mesmo, a consciência crística que pode dizer: "Eu e o Pai somos um... O Pai está em mim e eu estou no Pai... Não sou eu que faço as obras, é o Pai, que está em mim, que as faz..."

38 – Por que está escrito que a serpente levou o homem ao pecado?

Porque a serpente é o símbolo da inteligência do ego pessoal, que torna possível ao homem opor-se a Deus, enquanto não despertar nele a razão, que o harmoniza com Deus e o torna impecável.

39 – A serpente é Lúcifer?

Sim, a serpente é Lúcifer, ou "porta-luz", porque a inteligência ilumina as trevas do inconsciente da natureza (Éden).

40 – Lúcifer é o diabo?

Não, Lúcifer é a inteligência que, sendo semilivre, pode se decidir pró ou contra Deus; quando Lúcifer toma atitude pró Deus chama-se anjo (*ángelos*), que quer dizer "mensageiro"; quando toma atitude contra Deus chama-se diabo (*diábolos*) ou satã, que quer dizer "adversário".

41 – Pode o homem ultrapassar o seu estado atual?

Pode, sim, porque a verdadeira natureza do homem é racional, e não apenas intelectual, como está escrito: o homem esmagará a cabeça da serpente (inteligência) e, depois de comer do fruto da árvore do conhecimento, comerá do fruto da árvore da vida eterna, que é a sua redenção pelo espírito de Deus que nele está.

42 – Já apareceu na terra um homem plenamente remido?

Apareceu, sim, na forma do Cristo que diz de si mesmo ser ele a "serpente erguida às alturas", isto é, a inteligência plenamente espiritualizada.

43 – É verdade que Adão nos fez pecadores e o Cristo nos redimiu do pecado?

Sim, mas num sentido diferente daquele das teologias; o Adão[1]

---

[1] Adão, ou Adam, é contraído de duas palavras sânscritas: "adi" (primeiro)

e o Cristo estão em cada um de nós; aquele na forma do nosso ego mental, pecador; este, na forma do nosso Eu espiritual, redentor.

44 – *Por que o homem de hoje é pecador, e não remido?*
Porque nele despertou somente o ego mental (personalidade), enquanto o seu Eu espiritual (individualidade) continua dormente.

45 – *Deve o homem abolir o seu ego mental?*
Não, o ego mental, que é o "porta-luz" (Lúcifer), deve transformar-se no seu Eu espiritual, a "luz do mundo" (Cristo).

46 – *Como pode o homem transformar o seu ego mental no seu Eu espiritual?*
Pelo conhecimento intuitivo da sua verdadeira natureza divina, porquanto "conhecereis a verdade, e a verdade vos libertará", "vós sois deuses".

◻

---

e "aham" (ego); Adam foi o primeiro ser da terra que adquiriu consciência do ego. Na Bhagavad Gita, livro sagrado da Índia, o Cristo é chamado o "Adi-Atman", isto é, o "primeiro Eu", o primeiro ser consciente dotado da consciência do Eu divino, que ele chama o "Pai em mim".

4. Céu, inferno e purgatório

47 – Céu, inferno e purgatório existem?
Existem, não como lugares, futuros e distantes, mas como estados de consciência criados pelo livre-arbítrio do homem.

48 – Que é o céu?
O céu é um estado de perfeita harmonia do homem com a Lei Universal (Deus).

49 – O céu é eterno?
O céu, criado pelo livre-arbítrio do homem, é eterno se o homem mantiver eternamente esse estado de harmonia com a Lei Universal.

50 – Que é o inferno?
O inferno é um estado de desarmonia entre o homem e a Lei Universal.

51 – O inferno é eterno?
O inferno criado pelo livre-arbítrio humano é eterno se o homem mantiver eternamente esse estado de desarmonia.

52 – Que é o purgatório?
O purgatório é um estado de desarmonia parcial do homem com a Lei Universal, o qual durará enquanto o homem mantiver esse estado da alma.

53 – *Existe uma pena eterna decretada por Deus?*
Não existe pena eterna decretada por Deus, porque a pena, que é a consequência necessária da culpa livremente cometida e mantida, só pode existir enquanto o homem mantiver a culpa voluntária; abolindo a culpa, extingue-se necessariamente a pena.

54 – *Pode o homem manter para sempre o seu estado de culpa?*
Pode, sim, porque o livre-arbítrio tem o poder de criar e manter até quando quiser a sua desarmonia com a Lei Universal.

55 – *Que é a Lei Universal?*
A Lei Universal é a ordem eterna inerente à própria natureza do universo, tomado em sua totalidade como causa e efeito.

56 – *A Lei Universal é Deus?*
A Lei Universal pode ser chamada Deus, ou a Divindade, quando considerada tanto na sua Essência causante como na sua Existência causada.

5. Do livre-arbítrio humano

57 – *Que é livre-arbítrio?*
Livre-arbítrio, ou liberdade, é o poder que o homem tem de criar valores internos, tanto positivos como negativos, tornando-se bom ou mau.

58 – *Se o mundo inteiro é regido pelo determinismo da causalidade, como pode haver indeterminismo ou livre-arbítrio?*
O livre-arbítrio não é indeterminismo, ou ausência de causalidade; mas é *autodeterminação*, isto é, causalidade dinâmica, oriunda de dentro do homem, "em oposição ao *alo-determinismo*, ou causalidade mecânica, vinda de fora do homem.

59 – *O livre-arbítrio é criador?*
Sim, o livre-arbítrio é um poder criador, porque pode dar existência a valores antes inexistentes.

60 – *Esses valores criados pelo livre-arbítrio vêm do nada?*
Não, os valores criados pelo livre-arbítrio vêm do Todo da Infinita Essência, manifestados como Algo qualitativo no plano da Existência Finita.

61 – *Todos os homens são igualmente livres?*
Não, há muitos graus na liberdade humana, e cada homem é eticamente responsável pelos seus atos segundo o grau de liberdade com que age.

62 – *Pode o homem perder o seu livre-arbítrio?*
Não, não existe nenhum homem adulto e normal sem livre-arbítrio, embora o exercício do mesmo possa ser inibido temporariamente por alguma anormalidade.

63 – *O homem, depois da morte física, ainda possui livre-arbítrio?*
Sim, porque o livre-arbítrio é atributo essencial do indivíduo humano e não depende do corpo material.

64 – *Pode o homem, sem corpo material, praticar atos livres?*
Pode, sim, porque o livre-arbítrio é atributo inseparável da natureza humana e pode agir enquanto existe o indivíduo humano.

65 – *Não falam os textos sacros de suplício eterno?*
A palavra "eterno" — em grego *aiónios*, em latim *aeternus* —, derivada de idade (*aiôn, aetas*), significa longevo, de longa duração, mas não inclui a noção de sem fim, tanto assim que é usada nos livros sacros no plural: "por todas as eternidades das eternidades", "na presente eternidade, na futura eternidade".

66 – *Que é suplício eterno?*
Suplício — em grego *kólasis* = sofrimento purificador — é um estado de longa duração em que o delinquente se purifica, pelo sofrimento, de culpas passadas e previne culpas futuras.

67 – *Pode haver castigo eterno?*
Castigo — do latim *castum agere*, tornar casto, puro — é um sofrimento que visa à extinção de culpas passadas e à prevenção de culpas futuras, que perderia o seu sentido positivo se fosse apenas uma punição negativa, sem fim, sem atuação salutar para o passado e para o futuro.

68 – *O castigo é eticamente admissível?*
O castigo, de caráter corretivo e preventivo, é eticamente admissível, ao passo que a punição, de caráter meramente vingativo, é eticamente inadmissível.

69 – *Deus pode punir eternamente?*
Deus não pode punir eternamente, fazer sofrer sem fim, por ser isto intrinsecamente mau, mas pode castigar ou fazer sofrer, temporaria-

mente, por não ser isto intrinsecamente mau; de resto, não é Deus, mas o homem, que causa sofrimento.

70 – *Não diz Abraão ao rico avarento, condenado, que não há transição de lá para cá, nem vice-versa?*
O homem que, pelo abuso da sua liberdade, entrou num estado de sofrimento purificador (*kólasis*) de longa duração (*aiónios*) não sairá desse "cárcere enquanto não houver pago o último vintém" (débito).

71 – *Pode o homem culpado saldar o seu débito em qualquer tempo e lugar?*
Pode, sim, porque o livre-arbítrio, que criou o débito, pode extingui-lo onde e quando quiser.

◻

6. Imortal, imortalizável, mortal

72 – *A alma humana é imortal?*
Só o Infinito é imortal por si mesmo; o homem é imortalizável e pode imortalizar-se em virtude do seu livre-arbítrio.

73 – *Os seres da natureza são imortais?*
Não, todos os seres da natureza infra-humana são mortais, porque, quando morrem, dissolvem totalmente o seu existir individual no Ser Universal.

74 – *O homem se dissolve quando morre?*
Não, o homem quando morre separa-se do seu corpo material, mas continua com o seu corpo imaterial.

75 – *O corpo imaterial é imortal?*
Não, o corpo imaterial do homem é mortal, embora possa sobreviver muito tempo à destruição do corpo material.

76 – *Que é o corpo?*
O corpo é o princípio da individuação de um ser; por isso, todos os seres individuais, materiais ou imateriais, têm corpo; somente o Ser Universal (Divindade) não tem corpo.

77 – *Pode o corpo humano imortalizar-se?*
O corpo humano se imortaliza pelo poder da consciência espiritual, que confere ao corpo destrutível a sua indestrutibilidade.

78 – De que é constituído o corpo imortal?
O corpo imortal é constituído de luz cósmica, única substância indestrutível do mundo finito.

7. Anjo, diabo, demônio

79 – *Que quer dizer anjo?*
Anjo é um ser consciente e livre, com corpo invisível, que executa e transmite a vontade de Deus, sendo por isto chamado "mensageiro" (em grego *ángelos*).

80 – *Que é diabo?*
Diabo é um ser consciente e livre, com corpo invisível, que se opõe à vontade de Deus, sendo por isto chamado "adversário" (em grego *diábolos*, em hebraico *satan*).

81 – *Pode o homem ser anjo ou diabo?*
Quando o homem assume atitude pró ou contra Deus pode ser chamado anjo ou diabo — razão por que Jesus apelidou Pedro de "satã", e Judas de "diabo".

82 – *Que é Lúcifer?*
Lúcifer (porta-luz) é um nome simbólico dado a todos os seres do mundo mental invisível, sem distinção de atitude pró ou contra Deus; somente a sua atitude os torna anjos ou diabos.

83 – *Existem anjos tutelares?*
Sim, tanto os livros sacros como a história da humanidade admitem a existência de seres invisíveis que protegem os homens harmonizados com o espírito deles.

84 – Os demônios são o diabo?

Não, os demônios são entidades primitivas do mundo dos elementais, ao passo que o diabo pertence ao mundo dos seres mentais, mas o diabo ou satã pode servir-se dos demônios como seus instrumentos e armas.

85 – Podem os demônios obsedar o corpo humano?

Os demônios podem obsedar o corpo humano e desequilibrar-lhe as faculdades mentais, mas não podem afetar a parte ética e espiritual dele.

8. Da revelação divina

86 – *Deus se revelou à humanidade?*
Deus se revela aos homens, em todos os tempos e países, quando o homem se torna idôneo para receber essa revelação.

87 – *Como se revela Deus ao homem?*
Deus se revela ao homem através da essência divina no homem, que é a alma ou o Eu divino no homem.

88 – *A Bíblia é a palavra de Deus?*
A Bíblia contém revelações divinas, mas nem toda a Bíblia é palavra de Deus.

89 – *Por que nem toda a Bíblia é palavra de Deus?*
Porque nem todos os veículos humanos, autores desse livro, eram capazes de receber e transmitir a verdade e a pureza total da revelação divina, mesclando-as com imperfeições humanas.

90 – *De que imperfeições humanas sofre o Antigo Testamento?*
Sofre, principalmente, do conceito humano da vingança pessoal e nacional, bem como da concepção unilateral de um Deus nacionalista e chefe militar.

91 – *Como podemos discriminar a pureza divina das impurezas humanas da Bíblia?*
Guiando-nos pelas palavras de Jesus, o Cristo, único recipiente puro da pura revelação de Deus.

92 – Jesus aceitou o Antigo Testamento como revelação divina perfeita?

Não, aceitou-o como verdade divina mesclada de erros humanos, quando diz: "Eu não vim para abolir a lei e os profetas, mas para levá-las à perfeição"; "foi dito aos antigos, eu, porém, vos digo"; "foi dito: amarás o teu amigo e terás ódio do teu inimigo — eu, porém, vos digo: amai os vossos inimigos e fazei bem aos que vos fazem mal"; Jesus não aprovou o apedrejamento das mulheres adúlteras ordenado por Moisés.

93 – Os restantes livros do Novo Testamento fora do Evangelho são perfeitos?

Também os livros escritos por discípulos de Jesus sofrem de imperfeições humanas, embora menos graves que os do Antigo Testamento.

94 – Deus só se revelou aos autores da Bíblia?

Não, Deus Se revelou e Se revela constantemente, antes e depois da origem da Bíblia, a todas as pessoas capazes de receber a mensagem divina, como, no presente século, através de Mahatma Gandhi e outros homens dotados do espírito do Cristo.

95 – Como podemos distinguir de uma opinião humana uma inspiração divina?

Quando nos despimos de qualquer interesse pessoal e queremos para todas as criaturas o bem que queremos para nós mesmos, somos recipientes idôneos para recebermos inspiração divina.

96 – Que quer dizer inspiração divina?

Inspiração divina é a mensagem de Deus para o ser humano.

97 – Donde vem a inspiração divina?

A inspiração divina vem do "espírito de Deus que habita no homem" (São Paulo), isto é, de dentro da alma, que é Deus no homem.

98 – Por que é que nem todos os homens são inspirados?

Porque nem todos cream ambiente propício dentro de si para que o espírito de Deus se possa manifestar neles.

9. Do Cristo cósmico e do Cristo telúrico

99 – *Que é o Cristo Cósmico?*
O Cristo Cósmico — o Verbo ou *Lógos* — é a primeira e mais perfeita manifestação individual da Divindade Universal, o "primogênito" de todas as criaturas.

100 – *Quando se deu esta individuação do Cristo Cósmico?*
Deu-se no princípio dos tempos, antes da origem de qualquer outra creatura, visível ou invisível.

101 – *O Cristo Cósmico é Deus?*
O Cristo Cósmico é Deus em sua essência eterna, mas é creatura em sua existência temporal: "Eu e o Pai somos um, mas o Pai é maior do que eu".

102 – *Por que o Cristo Cósmico é chamado o Verbo, ou Lógos?*
Porque ele é a mais alta manifestação individual do Espírito Universal; e, assim como o pensamento intuitivo, ou verbo racional, é a causa creadora de todas as coisas, assim é o Pensamento Cósmico, ou Verbo Crístico, o autor do universo imaterial e material: "Por ele foram feitas todas as coisas".

103 – *Que quer dizer Cristo Telúrico?*
O Cristo Telúrico, ou terrestre, é o mesmo Cristo Cósmico depois da sua encarnação humana, quando o "Verbo se fez carne".

104 – *O Cristo Telúrico é Jesus?*

Jesus é apenas o veículo visível do Cristo invisível, com o qual está inseparavelmente unido desde a sua encarnação através da Virgem Maria.

105 – *Qual a diferença entre o Cristo e nós?*

O Cristo, tanto na sua forma Cósmica como Telúrica, é o espírito divino plenamente atualizado pela consciência de que "eu e o Pai somos um", ao passo que em cada um de nós existe o mesmo espírito divino em estado apenas potencial, devido à consciência do nosso ego separatista.

106 – *Pode o homem tornar-se igual ao Cristo?*

São Paulo diz que o Cristo é o "primogênito entre muitos irmãos" e nós seremos o que ele é; e Jesus afirma que nós faremos as mesmas obras que ele fazia em virtude do seu Cristo, porque o "Pai que está em mim também está em vós", "vós sois deuses".

107 – *Que é necessário para essa cristificação do homem?*

É necessário que o homem experimente vitalmente a sua intrínseca unidade com o Infinito — "Eu e o Pai somos um" — e realize esta experiência por uma permanente vivência ética.

108 – *Por que o Cristo é chamado redentor da humanidade?*

Porque pela sua encarnação humana introduziu ele no mundo um elemento divino que, quando assimilado pelo homem, torna possível a vitória do Eu redentor sobre o ego pecador.

109 – *Existe autorredenção do homem?*

Existe, sim, autorredenção, que é Cristo-redenção, porque o verdadeiro Eu (*autós*) do homem é o seu Cristo interno, a "luz do mundo", o "espírito de Deus no homem"; mas não existe ego-redenção, porque o ego humano é o autor do seu estado de pescador. (Ver a Segunda Parte – *Saúde e felicidade pela cosmo-meditação*.)

10. Da graça e da fé

110 – *Que é a graça?*
A graça é a luz e a força do Infinito imanente em todos os Finitos, e que os impele rumo ao seu destino.

111 – *Como pode o homem receber a graça?*
O homem recebe a graça quando se torna consciente de que ele e o Infinito (Pai) são um na essência, embora diversos na existência, e quando harmoniza a sua vida ética com essa experiência mística.

112 – *Pode o homem merecer a graça*
O homem-ego não pode merecer – isto é: causar a graça, que vem do homem-Eu, porque o menor não pode causar o maior; mas pode criar em si um ambiente propício para despertar em si o poder do Infinito.

113 – *A graça é dada arbitrariamente ao homem?*
Não, a graça é um dom gratuito, mas não arbitrário, isto é, não pode ser causada (merecida) pelo homem-ego, mas pode ser condicionada por ele.

114 – *Como pode o homem condicionar o advento da graça?*
O homem pode e deve condicionar o advento da graça por meio da fé e da vida, harmonizadas com o Infinito.

115 – *Que é a fé?*
A fé — do latim *fides* — é uma atitude de fidelidade do homem-ego ao homem-Eu, que é "Deus no homem".

116 – *Como a fé condiciona a graça?*
A fé, manifestada numa vida em harmonia com essa fé, predispõe o homem para receber a graça, que é a luz e a força que salvam o homem.

117 – *Donde vem a graça?*
A graça brota da Fonte do Infinito, que, dentro do homem, é a sua consciência, o seu verdadeiro Eu, o seu Cristo interno, a luz do mundo, o reino de Deus no homem, o seu Emanuel.

118 – *É a graça concedida igualmente a todos os homens?*
A graça é concedida a todo homem na razão direta da sua fé, isto é, em harmonia com o grau de fidelidade ao seu Eu divino — portanto o receptor recebe na razão direta da sua receptividade.

119 – *A graça obedece à lei da causalidade?*
A graça não obedece à lei da causalidade mecânica (alo-determinismo), mas atua em virtude da causalidade dinâmica (autodeterminação), isto é, do livre-arbítrio, que é a participação humana na onipotência divina.

120 – *Qual o papel do Cristo na distribuição da graça?*
Assim como o receptor necessita do emissor para poder captar uma mensagem eletrônica, de modo análogo é necessária a fonte do Cristo para que os canais humanos possam receber algo — "da sua plenitude todos nós recebemos".

11. Dos sacramentos

121 – *Que é sacramento?*
Sacramento — de *sacrum*, ou *mystes*, oculto — é uma realidade oculta aos sentidos e ao intelecto, porém manifesta à razão espiritual.

122 – *Qual a função do sacramento?*
O sacramento é um símbolo (*mantra*) material que produz um simbolizado espiritual, em virtude da fonte da qual nasceu.

123 – *Qual a fonte do sacramento?*
A Fonte Universal e remota é o próprio Infinito, mas a fonte individual e próxima é a experiência divina de um Iluminado, de cujas auras está saturado esse veículo simbólico, e que podem ser recebidas pelo homem devidamente disposto para esse recebimento.

124 – *Quantos sacramentos há?*
Há tantos sacramentos quantos símbolos imantados por um homem de experiência divina.

125 – *Pode qualquer pessoa receber os benefícios dos sacramentos?*
Qualquer pessoa devidamente disposta pode receber os benefícios dos sacramentos cósmicos — assim como qualquer receptor devidamente afinado pela estação emissora recebe a irradiação desta.

126 – *Há determinada classe para administrar os sacramento*

Qualquer pessoa que tenha verdadeira experiência divina sacerdote cósmico, idôneo para receber e administrar sacrament a iniciação nesse sacerdócio místico não é ritual, mas espiritual.

12. Da Igreja do Cristo

127 – *Jesus fundou uma Igreja?*
Jesus não fundou Igreja no sentido de sociedade eclesiástica, mas proclamou o reino de Deus sobre a face da terra, que consiste na experiência mística do indivíduo e sua projeção social em forma de vivência ética.

128 – *Que quer dizer Igreja?*
Igreja é derivado de *ekklesia*, que quer dizer escol ou elite, significando aqueles que conhecem, por experiência interna, as grandes verdades proclamadas pelo Cristo e as concretizam pela vivência externa.

129 – *Quem é membro da Igreja?*
Membro da Igreja do Cristo é todo homem que tem a experiência mística "Eu e o Pai somos um", e por isso ama a Deus "com toda a alma, com todo o coração, com toda a mente e com todas as forças"; e, como transbordamento dessa experiência individual, pratica a ética do segundo mandamento, "amando seu semelhante como a si mesmo".

130 – *A Igreja é visível?*
A alma da Igreja é invisível; o seu corpo é visível.

131 – *Fora da Igreja há salvação?*
Se a Igreja é a mística do amor de Deus revelada na ética do

amor ao próximo, não há salvação fora da Igreja, porquanto "nestes dois mandamentos consistem toda a lei e os profetas", isto é, a religião total.

Saúde e felicidade pela cosmo-meditação

Que é cosmo-meditação?

Há alguns decênios milhares de pessoas, aqui no Ocidente, praticam meditação, que, outrora, era restrita ao Oriente ou a alguns conventos de frades e freiras.

Hoje em dia, milhares de pessoas de todas as condições de vida — negociantes, industriais, advogados, estudantes, pessoas tidas por inteiramente profanas — fazem ou tentam fazer a sua hora de meditação, de manhã cedo ou à noite.

É que muitos descobriram que há, nos profundos redutos dessa prática, algo que não tem nome, mas que tem sabor de tranquilidade, de paz, de felicidade.

Acontece, todavia, que quase todos acham difícil esse exercício; muitos desanimam depois de algum período, outros continuam com árdua persistência, esperando melhores frutos para o futuro. Por vezes, um só lampejo de inefável beatitude os anima a prosseguir.

Uma senhora católica que, há decênios, faz ou tenta fazer meditação, disse-me que nunca conseguiu meia hora da verdadeira concentração e duvida seriamente que jamais uma pessoa o tenha conseguido, mesmo aquelas que fazem retiros espirituais de diversos dias.

Respondi àquela senhora que lhe dava plena razão, em virtude duma premissa falsa que ela e muitos outros tomam por ponto de partida. Tentei explicar-lhe essa premissa falsa, mas não garanto que o tenha conseguido. O erro em que quase todas as pessoas baseiam a sua meditação é tão inveterado, tem tantos séculos de existência, que é dificílimo erradicá-lo. É como esse asfalto duríssimo das ruas das nossas cidades; que esforço, que barulho infernal, quando uma dessas máquinas de compressão atmosférica procura romper essa camada de asfalto, pedra e cimento! Coitados dos moradores da vizinhança, que não conseguem dormir noites seguidas com tamanho barulho.

Falarei das minhas experiências pessoais; mas, como a nossa educação dentro do ambiente cristão é mais ou menos a mesma, com pouca diferença, julgo ser válido para os outros o que digo de mim mesmo.

Nos colégios, nas igrejas e nos institutos de educação, fomos quase todos convidados a fazer a nossa meditação diária. Por via de regra o diretor punha três pontos para a meditação, além de um prelúdio e de uma peroração. Os pontos de meditação se referiam, quase sempre, a trechos bíblicos, sobretudo do evangelho, por vezes também à vida dos santos.

Quer dizer que a tal meditação consistia em pensar, analisar e estudar o sentido exato, esmiuçando o respectivo tópico e aplicando-o à sua vida pessoal.

É inegável que esse processo é muito útil para o estudo e a compreensão profunda de um texto dos livros sacros.

E, se esta luz de compreensão profunda melhorasse realmente a vida do meditante, a meditação seria o meio ideal para a autorrealização e a santificação do homem.

Infelizmente, porém, é inaceitável que o homem se torne melhor pela simples compreensão intelectual de uma verdade. Pode um homem ter 100% de compreensão analítica de todos os textos do Evangelho, ou até da Bíblia inteira, e continuar a ser um homem 100% profano.

Não se trata absolutamente de entender, de inteligir, de analisar o sentido das palavras. Já dizia Paulo de Tarso que a "letra mata", a inteligência da letra mata o espírito se, além dessa *letra mortífera, não vier o espírito vivificante* e esse espírito não vem da letra.

Esse espírito vivificante não é produto duma meditação meramente analítica.

Não negamos que o estudo da letra possa servir de condição preliminar sobre a qual se possa projetar a espiritualidade. Negamos, porém, que essas análises mentais possam ser a causa do advento do espírito.

Mais ainda, em muitíssimos casos essas análises mentais do texto sacro são verdadeiros empecilhos que dificultam o advento do espírito de Deus. Inúmeras pessoas se contentam com essa acrobacia mental que não permite ouvir a voz de Deus. Não permitem que Deus lhes fale porque eles não se calam — e onde o homem fala, Deus se cala.

O maior equívoco que inutiliza a meditação é que o homem julgue dever falar a Deus, em vez de permitir que Deus fale com ele. Que coisa pode a nossa pobre vacuidade humana dizer à Infinita Plenitude de Deus? Nada recebem das águas vivas do espírito de Deus os que de antemão obstruíram todos os canais pelos quais as águas da fonte poderiam fluir.

Muitos fazem da meditação uma interminável ladainha de pedidos: lembram a Deus que têm falta disto, falta daquilo, falta de saúde, de bons negócios, de um emprego rendoso, etc.; outros chegam ao ponto de fazer negociatas com Deus: prometem rezar tantos terços, mandar dizer tantas missas, dar tantas esmolas, se Deus lhes fizer a vontade — seja feita a minha vontade assim na terra como no céu.

Corroboram até com palavras do Divino Mestre as suas meditações: "Pedi e recebereis — tudo que pedirdes ao Pai em meu nome ele vo-lo dará".

Esquecem-se das outras palavras do Mestre: "Vosso Pai celeste sabe que de tudo isto haveis mister — antes mesmo de lho pedirdes".

* * *

A palavra "meditação" é totalmente ilusória. Nada há em que meditar, se por meditar se entende pensar, investigar, analisar. É exatamente o contrário que o homem deve fazer: não meditar em nada, não pensar em nada. Esta arte de não pensar é a mais difícil de todas as artes — mas é também o segredo de toda a felicidade. Homem, não penses nada, não queiras nada, não fales nada, não faças nada — e o que depois disto sobrar de ti, isto é Deus! Naturalmente, um Deus pleniconsciente.

O homem que pratica a arte de não pensar, que suspende toda e qualquer atividade do seu ego humano, mas fica plenamente consciente do seu Eu divino, esse homem sabe o que quer dizer meditar. Reduzir a zero tudo o que é do seu ego humano e elevar a 100% tudo o que é do seu Eu divino, isto é meditar. Morrer espontaneamente, antes de ser morto compulsoriamente, como, aliás, afirmam todos os que praticavam essa arte divina na cosmo-meditação: Jesus, Paulo de Tarso, Francisco de Assis, etc.

Mas... agora vem o escolho em que muitos naufragam: o transe, a auto-hipnose, a passividade total. Conserva-te 100% consciente e vígil. Reduze a zero todo ego-consciente e mantém a 100 o teu Eu-consciente.

O transe nada resolve porque é total passividade, quando a meditação é a mais alta atividade.

O chamado estado de *samadhi*, êxtase, *satori*, terceiro céu, é um estado altamente vígil, poderíamos dizer, é uma dormência vigilante. É um sono ultraconsciente. É o ocaso dos sentidos e da mente e a alvorada do espírito.

É neste estado passivo-ativo que Deus fala ao homem, que a alma do Universo fala à alma do nosso ego, que o "homem morre e o Cristo vive", que a "semente morre e a planta produz muito fruto".

O Universo nunca é só Uno nem só Verso — é sempre Uni-verso.

A Terra também nunca é só noite nem só dia — ela é sempre dia-noite.

O átomo nunca é só próton nem só eléctron — ele é sempre próton-eléctron.

No estado atual de evolução do homem, a quase totalidade dos seres humanos é 100% ego e 0% Eu. Uns pouquíssimos, os místicos, inverteram o processo, tornando-se 100% Eu e 0% ego. Mas não é este o estado perfeito da meditação, embora para muitos esse estado de Eu sem ego seja o caminho para a arte suprema da cosmo-meditação.

Meditar quer dizer *medear*, servir de intermediário, de traço de união entre dois estados de consciência. O homem que vive simultaneamente no ego e no Eu está em cosmo-meditação.

Primeiro o homem é ego-pensante.

Depois se torna cosmo-pensado.

E por fim é cosmo-pensante.

Neste estado, o homem sabe e sente o que quer dizer: "Eu e o Pai somos um... as obras que eu faço não sou eu que as faço... É o Pai que em mim está que faz as obras... de mim mesmo eu nada posso fazer..."

A natureza toda se acha em estado permanente de cosmo-meditação, mas em estado inconsciente. E, por se achar em estado de cosmo-meditação, a natureza é permanentemente bela, perfeita, feliz. No mundo mineral, vegetal, animal (selvagem) tudo é harmonioso e belo, porque seu estado é totalmente dominado pela inteligência Cósmica, pela Consciência do Pai, onde não existe desarmonia, deformidade, infelicidade.

A humanidade é pelo menos 90% deformada, desarmonizada, infeliz, porque o pequeno grau de liberdade não conseguiu ainda equilibrar a falta de segurança. Segurança e liberdade humanas são mutuamente exclusivas: quanto maior é a liberdade tanto menor é a segurança.

Na natureza a segurança é 100, a liberdade 0. No homem os seus 10% de liberdade destruíram os 100% de segurança e crearam esse desequilíbrio.

Quando um dia houver perfeita segurança feita liberdade, então haverá uma humanidade cheia de beleza e felicidade, muito superior ao estado que hoje observamos na natureza.

Será este o mundo do homem que passou da ego-consciência para a cosmo-consciência.

Quando o homem ego-vácuo será plenificado pela plenitude de Deus.

⊔

Para os principiantes na cosmo-meditação

Convém que o principiante, antes de eclipsar qualquer pensamento, mantenha o único pensamento "luz". Pense um foco de luz, só luz. Pode até dizer e repetir muitas vezes luz, luz, luz.

Pouco a pouco, em vez de *pensar* luz, acabará *visualizando* essa luz vendo-a na imaginação como um foco luminoso. Continue a visualizar a ver, a ir luz.

Depois de assim visualizar luz, imaginar luz, passará a ter simplesmente a *consciência* luz. O processo sucessivo se tornará um estado *simultâneo* de consciência luz.

Pouco a pouco, a consciência da luz *objetiva* se transformará na consciência *subjetiva*: *Eu sou luz, eu sou luz, eu sou luz*.

E, finalmente, o foco de luz se expandirá num mar imenso de luz, num oceano de claridade, numa luz universal, na luz cósmica. E esta luz cósmica, incolor, o penetra e o envolve todo.

Desaparece totalmente a diferença entre a luz e o Eu, porque a luz é Eu, e Eu sou a luz.

Nesse estado definitivo o homem nada faz, nada pensa, nada quer, permite simplesmente que todo ele seja cosmo-feito, cosmo-pensado, cosmo-vivido, cosmo-agido, cosmo-querido.

O homem se entrega deliciosamente, sem reserva, à alma do Universo, a Deus, ao Pai, ao Infinito, ao Todo. O seu *pequeno existir* de ontem se diluiu no *grande Ser* de hoje.

Tempo e espaço deixaram de existir.

O Eterno e o Infinito imperam soberanos e únicos.

Neste estado, na linha divisória entre dois mundos, alguns principiantes têm medo de se dissolver no nada do Infinito, na imensa vacuidade da Plenitude, medo de não poderem regressar da Essência Universal para a sua Existência Individual.

Não deem importância a esse medo de dissolução.

Para que alguém possa deixar-se assim absorver pela Luz Cósmica, deve escolher um lugar, um tempo, em que nada e ninguém possa cortar brutalmente essa integração cósmica.

Quanto mais tempo continuar esse "Eu e o Pai somos um", tanto melhor. Jesus continuou nessa consciência 40 dias e 40 noites ininterruptamente.

Esta consciência da unidade com o Infinito modificará todos os finitos, transfigurará todas as coisas da vida profana. A partir daí, nunca mais o homem poderá sentir-se realmente infeliz, angustiado, abandonado; nunca mais poderá duvidar de si mesmo, de Deus e da sua própria imortalidade, porque essa experiência é o renascimento pelo espírito e a entrada no Reino de Deus, aqui e agora e para todo o sempre.

Nada existe de mais importante na vida humana do que esta cosmo-experiência. Sem ela tudo é nulo e sem valor, com ela tudo é valioso, cheio de luz, de força, de alegria e de felicidade.

◻

O testamento do Cristo e sua terapia (exorcismo)

Depois de te teres assim totalmente identificado com a luz do mundo, que te envolve e te penetra, para uns momentos em profundo silêncio, auscultando a voz do Infinito. Depois diz, em voz alta, vagarosa e firme:

"A mim me foi dado todo o poder no céu e na terra (*pausa*). E como meu Pai me enviou, eu vos envio (*pausa*). Ide, portanto, proclamai o Evangelho do Reino de Deus a todas as criaturas (*relembra em silêncio todas as criaturas do mundo mineral, vegetal, animal, astral, elemental, mental e outras, às quais tens ordem de proclamar o Evangelho do Cristo*). Expulsai os maus espíritos (*pausa, e repete em voz alta estas mesmas palavras*).

Curai todas as enfermidades que há entre o povo (*pausa e relembra determinadas pessoas doentes a que queiras aplicar o poder do Cristo*).

Porque eu estou convosco todos os dias até a consumação dos séculos".

Depois de uma pausa prolongada de profundo silêncio, lembra-te de que estas palavras do Cristo foram as suas últimas palavras proferidas na terra no dia da Ascensão, a sua última vontade, o seu testamento à humanidade, e de que tu fazes parte desses embaixadores do Cristo, a que foi dado o poder que o Mestre recebeu do Pai. Considera-te, pois, um canal secundário ligado ao canal-mestre, através do qual fluem as águas vivas que saem da Fonte do Infinito, uma vez que ninguém vai ao Pai a não ser pelo Cristo.

Lembra-te de que tu recebeste do Mestre os mesmos poderes

que ele recebeu do Pai, poderes que transmitiu a todos os homens até a consumação dos séculos:
– proclamando a mensagem espiritual do Rei Deus,
– expulsando as forças negativas de toda espécie,
– curando todas as enfermidades pela invocação do poder de Deus.

Repete, vagarosamente, estas palavras de perfeita saúde e felicidade. Identifica-te totalmente com esta mensagem do Cristo.

Tu és um dos embaixadores a quem foi transmitido esse poder.

◘

O reino de Deus aqui e agora

Pela cosmo-meditação e pelo cumprimento do testamento de Jesus, proclamando o Evangelho a todas as criaturas, expulsando os maus espíritos e as enfermidades, pelo poder do Cristo recebido do Pai — pode o homem realizar, pelo menos inicialmente, o Reino de Deus sobre a face da terra.

Há homens *conformistas*, que acham impossível abolir os males desta vida e se limitam a camuflá-los na medida do possível, narcotizando-se com divertimentos e derivativos de toda espécie.

Há também homens *escapistas*, que aguardam a abolição dos males só para depois da morte.

E há, finalmente, homens *transformistas*, que despertam em si o Reino de Deus, que neles está, transformando as circunstâncias pelo poder da sua substância. Esses homens sabem afirmar a soberania da sua substância divina sobre todas as tiranias das humanas; sabem que "o Reino do Cristo não jaz em alguma esfera longínqua; o Reino de Deus não é condicionado por tempo e espaço. Muitos pensam que a vida terrestre, com os seus sofrimentos e as suas angústias, é um estágio preliminar para a vida eterna, e que o homem deve suportar as misérias desta vida até que soe a hora da libertação. Entretanto, o Reino dos Céus ficará distante, enquanto nós o considerarmos distante. E, contudo, é agora mesmo que vivemos no Reino de Deus, e não há nenhum outro mundo. Somente o nosso consciente obscurecido é que nos torna cegos para as glórias do mundo espiritual, no qual vivemos. *O homem, que tem a permanente consciência da presença de Deus, vive agora mesmo na harmonia do seu Reino, numa atitude interna inatingível pelas vicissitudes dos fenômenos externos.*

Não podemos descrever a um surdo as belezas da música, nem podemos dar a um cego idéia das cores — e, da mesma forma, não podemos fazer compreender as glórias do Reino de Cristo a um incrédulo que não as tenha experimentado pessoalmente. Da cadeia e do alcance dos seus próprios pensamentos, tece o homem, dia a dia, o seu céu e o seu inferno. Céu e inferno não são estados futuros que nos esperem depois da morte. A morte não modifica em nada o estado do homem, e os chamados mortos não estão mais perto de Deus do que os vivos. A morte não representa a transição para um estado perfeito. A disposição do espírito de um defunto continua a ser a mesma pós-morte que foi durante a vida terrestre. A revelação do Reino de Deus se dá diariamente nas almas capazes de recebê-la, e cada pensamento espiritual acelera o advento universal desse Reino" (F. Sanders).

◻

ACONTECEU ENTRE OS ANOS 2000 E 3000

VISÃO DUMA HUMANIDADE COM A BOMBA ATÔMICA E SEM O CRISTO

Explicações necessárias

A conteceu entre os anos 2000 e 3000 — visão duma humanidade com a bomba atômica e sem o Cristo — é um opúsculo originalmente publicado com 32 páginas, formato 13,5 x 17,5, escrito em 1955 pelo filósofo e educador Huberto Rohden.

O assunto deste pequeno livro é a celebração do advento da segunda vinda do Cristo ao planeta Terra, entre os anos 2000 e 3000 de nossa Era. A história é uma fábula moderna contada com simplicidade e dirigida a crianças e adultos de todas as idades.

O conciso texto estava fora de circulação há vários anos, e como sempre constou da relação das obras completas do autor, a editora recebia, anualmente, dezenas de pedidos do referido opúsculo. Foi publicado, também, na obra *O Sermão da montanha*, de autoria de Rohden.

1. Era pelo ano 2000...

Andava a humanidade inteira numa atividade febril, com grandiosos preparativos para celebrar condignamente o ocaso do segundo e a alvorada do terceiro milênio da era cristã.

Eis senão quando, de improviso, corre por todos os recantos do globo terráqueo a inaudita notícia do próximo reaparecimento do Cristo sobre a face da terra! Ninguém compreendia bem o processo como essa mensagem do além fora captada pelos laboratórios eletrônicos do fim do século XX; somente um pugilo de cérebros privilegiados estava a par do enigma e afirmava com certeza categórica que o Cristo voltaria ao mundo, visivelmente, no início do terceiro milênio, a fim de verificar o que os homens que se diziam discípulos dele haviam feito do seu divino Evangelho.

Mal fora essa alarmante notícia divulgada pela imprensa, pelo rádio e pela televisão, quando os chefes civis e religiosos do ocidente cristão se reuniram em assembléia extraordinária, na Capital Planetária, para deliberar o que convinha fazer em face de tão inesperado acontecimento. Todos concordaram em que a situação era sumamente crítica, espécie de terremoto, que poderia vir a abalar os alicerces de instituições milenares.

Após prolongados debates, decretou-se por unanimidade de votos que, pelo bem da paz e da ordem mundiais, fosse impedida a invasão do Cristo em nosso mundo civilizado, sobretudo no ocidente cristão, onde o perigo se apresentava mais agudo e funesto. No caso, porém, que fosse de todo impossível frustrar essa entrada do Cristo em nosso mundo — pois ninguém ignorava as forças estranhas de que ele dispunha — seria nomeado um corpo de polícia e de detetives especiais para vigiar rigorosamente todos os passos do perigoso intruso, a fim de evitar que pusesse em perigo, com suas idéias revolucionárias, as respeitáveis instituições civis e religiosas da civilização ocidental.

Mas, a despeito de todas as medidas de precaução — eis que, na madrugada do dia 1º de janeiro do ano da redenção 3000, aparece, em plena praça pública da Capital Planetária, um personagem estranho, que, sem tardança, foi preso pela polícia especializada e levado às barras do Supremo Tribunal Mundial para o competente interrogatório.

Exigiram do incógnito invasor a exibição da competente carteira de identidade ou passaporte, mas ele não possuía documento nenhum que não fosse ele mesmo. Interrogado pelo Presidente do Supremo Tribunal se ele era Jesus, o Cristo, fundador do cristianismo, respondeu o recém-chegado:

— Sim, sou Jesus, o Cristo, mas não sou o fundador do cristianismo a que aludes.

Perguntaram-lhe se ele era o líder espiritual dos cristãos, ao que o prisioneiro replicou, com a mesma calma e precisão:

— Eu sou o Cristo, mas não sou cristão.
— Que vens fazer aqui na terra?
— Vim reafirmar o que afirmei no primeiro século.

A essa resposta, um frêmito de horror e indignação perpassou as linhas dos delegados dos Estados e das Igrejas cristãs, que integravam a Assembléia Planetária.

— Mas não sabes, porventura — exclamou um dos ministros religiosos —, que não estamos mais no primeiro século? Não compreendes que as tuas idéias de então foram, há muito tempo, superadas e modificadas pela civilização cristã de vinte séculos, e que nenhum cidadão esclarecido da Era Atômica reconhece a praticabilidade das máximas do teu Evangelho?

— Passarão os céus e a terra — respondeu calmamente o interpelado —, mas não passarão as minhas palavras. Veio ao mundo a luz verdadeira, mas os homens amaram mais as trevas que a luz, porque as suas obras eram más...

Ouviram-se no seio da preclara assembleia frêmitos de indignação, seguidos por um longo silêncio embaraçado. Finalmente, um Promotor Público ornado de veneranda cabeleira e barba branca adiantou-se e, em tom amigável, disse ao Nazareno:

— Sugiro um acordo. Proclamarás novamente o teu Evangelho, naturalmente sob o controle da nossa Comissão, mas não repetirás nada daquilo que disseste no chamado Sermão da Montanha. Compreenderás que esse documento é por demais incompatível com os elevados padrões da nossa cultura e civilização ocidental. Se bem me recordo, exigiste dos teus discípulos, entre outras coisas estranhas e revoltantes, que amassem os seus inimigos e fizessem bem a seus malfeitores; chegaste ao ponto de dizer que, se alguém nos ferisse numa face, lhe apresentássemos também a outra; e que o homem, em vez de reclamar pelas vias legais uma túnica roubada, cedesse ao ladrão também a capa. (Risadas sutis na assembleia.) Ora, Jesus, todos nós sabemos que tu és um homem inteligente e bem capaz de compreender que semelhante filosofia é por demais fantástica, para não dizer positivamente deletéria, não podendo ser divulgada em pleno século da eletrônica e da física nuclear.

O orador abriu uma pausa, a fim de dar ensejo ao acusado para se defender e definir sua atitude. Ele, porém, permaneceu calado. Ao que o Promotor deu sinal a um dos secretários da Assembléia, o qual deixou a sala e, dentro em breve, voltou carregando nas duas mãos, cautelosamente, um objeto alongado, de cor escura, que colocou sobre a mesa. O orador apontou para o estranho engenho e perguntou a Jesus:

— Sabes o que é isto?

E, como o interpelado continuasse calado, o orador prosseguiu:

— Logo pensei que não o sabias, porque no primeiro século não existia ainda essa maravilha da nossa ciência e técnica. Pois saiba que isto é uma bomba atômica de hidrogênio. Não chega a pesar 10 quilos, mas, se este aparelho for levado por um dos nossos aviões teleguiados e solto sobre qualquer cidade do globo, não escapará um único ser vivo, nem ficará de pé um só edifício — será tudo arrasado e totalmente desintegrado na fração de um segundo. A nossa ciência bélica de hoje é benigna: está em condições de matar milhares e milhões de seres humanos em menos de um segundo, poupando-lhes todo e qualquer sofrimento, porque não sobra tempo para alguém sentir esse aniquilamento instantâneo. Tu mandaste amar os inimigos para acabar com eles — nós, porém, descobrimos um meio muito mais seguro e eficiente para acabar de vez com milhares e milhões de inimigos nossos. É um processo rápido e infalível, ao passo que o teu preconizado processo de acabar com os inimigos amando-os é incerto e moroso, além de expor os teus discípulos ao perigo de serem mortos por aqueles a quem não quiseram matar.

O orador tomou um gole d'água, ou coisa equivalente, enquanto a assembleia apoiava vivamente as ideias expostas.

* * *

Nisto pediu a palavra um dos maiores teólogos cristãos da época, cuja rigorosa ortodoxia era notória no mundo inteiro. Disse:

— Para que não penses, Jesus, que essas ideias sejam coisas de profanos, vou citar a opinião de um dos grandes santos da nossa igreja, Tomás de Aquino; deves tê-lo encontrado no céu, onde ele está desde o século XIII, conforme declaração oficial do magistério infalível da nossa igreja.

O orador tirou das prateleiras de uma biblioteca próxima dois alentados volumes, abriu-os em determinada página e colocou-os sobre a mesa da assembleia, dizendo:

— Conheces a *Summa Theologiae* e a *Summa contra Gentiles* do nosso incomparável *Doctor Angelicus*? Sei que não costumavas ler nem escrever livros como nós; por isto vou explicar resumidamente o que o maior teólogo de nossa igreja escreveu, em latim, a respeito da proibição de matar. Em geral, diz ele, é claro que não se deve matar ninguém. Mas, há casos em que matar não só deixa de ser pecado, mas até se torna dever de consciência cristã. O nosso grande e santo teólogo especifica quatro casos em que não é pecado matar outro homem, ou melhor, outros homens, porque o número não modifica a espécie: 1) em caso de legítima defesa, 2) em caso de guerra justa, 3) pode a autoridade civil condenar à morte os grandes criminosos, 4) pode o magistério eclesiástico permitir que sejam punidos com a morte os hereges impenitentes.

Que dizes em face disto? Negarás que Tomás de Aquino tinha razão, tanto mais que sua doutrina foi repetidas vezes aprovada e recomendada por nossa igreja infalível? Sei que no teu Sermão da Montanha rejeitas categoricamente a liceidade do homicídio, em todos os casos alegados; nem mesmo permitiste a Simão Pedro, nosso representante de então, que matasse ou ferisse um dos teus injustos agressores, no Horto das Oliveiras. Mas, em que iam parar as coisas se nós adotássemos a tua doutrina de "não vos oponhais ao malévolo"? Preferimos à filosofia absurda do teu Evangelho a política sensata de teu discípulo Pedro.

Não venhas, pois, proclamar novamente princípios incompatíveis com milhares de grandiosas instituições que, em teu nome, erigimos sobre a face da terra, nesses dois milênios de cristianismo... Não exijas de nós que regressemos à obscuridade do primeiro século; aceita antes as luzes do século vinte, que hoje transmitimos aos nossos herdeiros do terceiro milênio.

* * *

O silêncio com que o Nazareno ouviu tudo isto dava à assembleia a impressão de que ele estivesse reconsiderando a sua atitude, disposto a mudar de ideia. Por isso, levantou-se, finalmente, a maior autoridade em Ciências Econômicas e Sociais da época e, aproximando-se do prisioneiro, disse-lhe em voz cariciosa e quase suplicante:

— Escuta um conselho de amigo sincero, Jesus de Nazaré. No tempo em que tu apareceste na terra reinava violento conflito de classes e de raças. Havia muitos escravos e poucos senhores, mas estes poucos oprimiam aqueles muitos. Os escravos não tinham direito nenhum, mas tinham todas as obrigações; os senhores não tinham obrigação nenhuma, mas tinham todos os direitos, até o de matar os escravos por simples capricho. Tudo isto acabou em nossa sociedade democrática. Proclamamos a igualdade dos direitos humanos. A humanidade de hoje é constituída de duas classes apenas, mas ambas com os mesmos direitos: os exploradores e os explorados. Não te escandalizes com estas palavras, que uns chamam feias. É indispensável que haja classes, do contrário, não seria possível o princípio da divisão do trabalho. O principal é que ambas tenham os mesmos direitos essenciais e eternos. Temos o cuidado de frisar essa igualdade de direitos, prometendo a ambas o reino dos céus. É esta uma das maiores conquistas da nossa ideologia social cristã.

Aos exploradores prometemos-lhes o reino dos céus, com a condição de que façam reverter parte do produto das suas atividades para fins de beneficência ou religião; e eles concordam conosco, entregando-nos regularmente boa porcentagem da renda das suas manobras com a outra classe. São nossos amigos e benfeitores.

Aos explorados, porém, dizemos: Aguentai por mais alguns anos os vossos sofrimentos e a exploração dos poderosos! Sofrer é destino geral da humanidade... O sofrimento é a chave do céu... "Bem-aventurados os que sofrem injustiças, porque deles é o reino dos céus!" Quanto mais alguém sofre mais amigo é de Jesus, o rei dos sofredores... Tereis como herança uma felicidade eterna, daqui a pouco...

Destarte, conseguimos narcotizar a consciência dos revoltados, e eles se acomodam à situação, e até nos agradecem a consolação que lhes damos.

Se não houvesse miséria social não poderíamos exercer a caridade cristã, necessária para a salvação; por isso criamos a miséria, a fim de podermos exercer a caridade.

Como vês, Jesus, conseguimos equilibrar jeitosamente as duas classes de que se compõe a sociedade cristã do Ocidente: os exploradores e os explorados. Não venhas agora destruir com o teu Evangelho o que nós construímos com a nossa teologia. Revolução não resolve nada — o que vale é paciência e pacifismo.

Quieta non movere! — Não mexer no que está quieto! Este provérbio antigo serve de norma às nossas atividades. Deixa, pois, tudo como está para ver como fica...

* * *

Já parecia estar esgotado o assunto, quando se levantou um homem venerando coberto de imaculada veste talar de seda branca, e com tríplice coroa na cabeça, e, com voz e gestos lentos e compassados, disse:

— Amigos e colegas. Peço vênia para finalizar a questão central da nossa assembleia. Falastes da necessidade de modificarmos o Evangelho do Nazareno em diversos pontos para o adaptarmos às exigências vitais da nossa época, e excusado é dizer que concordo plenamente com vossos critérios. Parece, todavia, que vos esquecestes de que nós, eu e minha igreja, já realizamos em grande parte essas modificações, graças à perspicácia e sagacidade dos nossos eminentes teólogos, desde a Idade Média até nossos dias.

Entretanto, não focalizamos ainda devidamente, na presente assembleia, o ponto central do qual depende todo o resto. Ninguém ignora que vivemos na época do capitalismo triunfante. Nada se faz sem dinheiro. Não são os governos que decretam ou fazem cessar as guerras a que vos referistes — são os magnatas das finanças, são os grandes capitalistas. Sem eles, não haverá guerra; quando eles quiserem, a guerra cessará. São eles que fabricam as armas, são eles que alimentam os combates.

Ora, o Nazareno não compreende sequer o á-bê-cê do capitalismo. Se o deixarmos entrar em nosso mundo moderno, vai proclamar de novo, como já fez ver, os princípios obsoletos do primeiro século. Vai, por exemplo, repetir o que disse naquele tempo: "Dai de graça o que de graça recebestes!" "Não leveis nem ouro nem prata em vossos cintos!" "Não podeis servir a dois senhores: a Deus e ao dinheiro!"

Durante os três primeiros séculos que se seguiram à morte do Nazareno, os discípulos dele tentaram realizar essa infeliz filosofia espiritual — e todos sabem que acabou em desastre e fracasso total. A igreja cristã, em vez de dominar o mundo, vivia perseguida e teve de refugiar-se debaixo da terra, nas catacumbas, sem o direito de respirar o ar livre de fora nem ver a luz do sol. Será isto que se chama o triunfo do reino de Deus?

Felizmente, em princípios do quarto século apareceu o grande libertador, o imperador Constantino Magno, fundador e patrono da nossa igreja. Tirou dos subterrâneos de Roma a igreja mendiga e anônima e fez dela a maior potência política e financeira dos séculos. Colocou os seus chefes nos pináculos da administração pública, deu-lhes prestígio social e político, poder financeiro e militar — e a igreja compreendeu que era muito melhor dominar do que sofrer, melhor perseguir seus inimigos com as armas na mão do que ser por eles perseguida e trucidada. Foi com isto que começou o triunfo do reino de Deus sobre a face da terra. Desde o tempo de Constantino Magno, através de Carlos Magno (século VIII) até Gregório Magno (século XIII), os meus predecessores foram de triunfo em triunfo, até se tornarem senhores únicos do mundo religioso e civil da Europa. Depois desse tempo, em virtude de idéias heréticas que surgiram, perdemos o nosso poder militar e parte do nosso prestígio político; já não podemos organizar Cruzadas e guerras religiosas contra os infiéis; até nos foi proibido lançar às fogueiras do Santo Ofício os hereges impenitentes. Entretanto, por vias travessas, reconquistamos o poder mundial, dominando as consciências humanas com ameaças de eterna condenação, e, graças a esse domínio moral das almas, conseguimos dominar também os corpos e reconquistamos vasto prestígio nos setores da política e das finanças internacionais. Basta dizer que os meus embaixadores estão em todos os países do globo e gozam de extraordinárias regalias. Em tempos antigos, os teus discípulos, ó Nazareno, procuravam ser "simples como as pombas", como dizias na tua linguagem poética; nós preferimos cumprir a outra metade do teu ditado, sendo "sagazes como as serpentes".

Ora, nada do que fizemos teria sido possível sem o prestígio político e o poder do dinheiro. Disseste, Jesus, que ninguém pode servir a dois senhores, a Deus e ao dinheiro — nós desmentimos a tua filosofia unilateral e provamos pelos fatos que é possível conciliar esses dois senhores, e que esse congraçamento das coisas de Deus e das coisas de César promove muito mais a causa sagrada do cristianismo do que a tua ingênua filosofia irrealista. Basta dizer que o nosso clero, por meio das funções sacramentais e da liturgia eclesiástica em geral, colhe diariamente, no mundo inteiro, cerca de 500 milhões de dólares, para fins religiosos e caritativos — e outros que não interessa especificar. Para o recente Congresso Eucarístico Internacional celebrado numa das capitais da América do Sul arrancamos aos cofres públicos e ao bolso dos nossos fiéis mais de um bilhão de cruzeiros, dos quais gastamos uns 40 milhões na organização do Congresso, e ganhamos o lucro líquido do resto. Imagina, Jesus, quanto nos rendem sem cessar aquelas tuas benditas palavras: "Isto é o meu corpo, isto é o meu sangue!". E que desastre seria para as nossas finanças se o povo deixasse de crer piamente na tua presença real sob as aparências de pão e de vinho! Que seria do nosso clero se não fizesse o povo crer no milagre diário da transubstanciação, do qual nós possuímos o monopólio exclusivo!... Felizmente, os nossos teólogos têm meios e modos para impedir semelhante desastre...

Por isso, Jesus, não venhas agora arruinar os nossos negócios com a proclamação dos princípios que figuram no teu Evangelho. Teu distinto discípulo, Iscariotes, adivinhava obscuramente o que nós, hoje em dia, sabemos com meridiana clareza; por isto quando, na sua clarividência, viu fracassar o teu idealismo imprático, ele, homem prático, quis salvar ao menos o que ainda se podia salvar. Aquelas trinta moedas de prata que ele ganhou com a sua perspicácia político-financeira podem ser consideradas como a primeira contribuição para esse gigantesco acervo de valores econômicos que a igreja cristã possui em nossos dias, valores sem os quais o triunfo do reino de Deus entre os homens não passaria de um sonho vão.

As massas ignaras, é verdade, continuam a considerar o cristianismo como um ideal puramente religioso — e convém seja mantida essa ignorância das massas — foi com este fim que instituímos o *Imprimatur* dos livros, as penalidades e excomunhões eclesiásticas.

As massas amorfas não estão em condições de acompanhar a marcha da evolução das coisas. A igreja somos nós, os chefes hierárquicos, a igreja docente — as massas são apenas a igreja discente, um como que apêndice inerte e passivo.

É, pois, conselho de amigo bem intencionado, Jesus, que não voltes a proclamar os teus velhos princípios antieconômicos. Do contrário, nós, os chefes responsáveis da igreja cristã, nos veríamos obrigados a fazer o que os nossos colegas, os hierarcas da igreja de Israel, fizeram naquele tempo, quando te arvoraste em revolucionário e demolidor de instituições eclesiásticas seculares, pagando com a vida a tua rebeldia. Sê prudente, Jesus! Não entres em nosso mundo, onde não há lugar para ti! Deixa-nos promover sem ti, ó Cristo, os interesses do nosso cristianismo! O nosso povo cristão — salvo raras exceções — já está devidamente imunizado contra os assaltos do teu espírito. Quem foi vacinado com o soro da nossa teologia eclesiástica deixa de ser alérgico ao teu espírito, ó Cristo. Verás que nós realizaremos o nosso cristianismo muito melhor sem ti, ou contra ti, do que contigo"...

* * *

Houve um longo silêncio. Estadistas e teólogos se entreolhavam, na ansiosa expectativa de que o Nazareno dissesse alguma palavra. Ele, porém, não falou. Limitou-se a circunvagar o olhar pelos presentes, com infinita piedade e suave benevolência. Depois dirigiu-se à porta da sala, acompanhado pelos guardas armados. Na praça pública, desapareceu misteriosamente como uma luz que se apaga, sem deixar vestígios da sua passagem. No mesmo instante, todas as estações emissoras da Capital Planetária lançaram ao espaço a notícia do fato, alertando a polícia do mundo inteiro para que prendesse o estranho invasor, onde quer que se tornasse visível.

Mas não consta que alguém o tenha capturado, porque ele não se tornou visível.

* * *

Durante o resto desse dia e durante toda essa primeira semana do primeiro mês do terceiro milênio, continuaram os festejos programados, com inaudito esplendor. Durante as noites, uma gigantesca usina atômica fornecia luz e força abundantíssimas, iluminando os espaços com círculos concêntricos de luz multicor, cujos fulgores atingiam um raio de dezenas de quilômetros. Propriamente, não houve noite alguma nessa semana toda; a Capital Planetária estava permanentemente iluminada com fulgores de claridade meridiana.

Dentro de poucos dias, o estranho incidente com o aparecimento do Cristo parecia um sonho incerto e vago, que não tardou a ser abafado pelas ruidosas solenidades da alvorada do terceiro milênio da era cristã.

Falou-se muito em "redenção". Os oradores programados rivalizavam em exaltar as grandezas da "redenção cristã" e a incomparável pessoa do "Redentor". Mas ninguém sabia, propriamente, o que queria dizer com essa palavra "redenção". De que fomos remidos? Do pecado? Mas o pecado continuava mais abundante e monstruoso que nunca. Em face desse mistério, acharam os oradores preferível não descer a tamanhas profundidades, preferindo manter-se à superfície dos interesses imediatos de cada dia e acompanhar a rotina cômoda da velha tradição.

E assim se fez.

◻

2. Era pelo ano 3000...

A cabava o sol de cortar a linha do horizonte levantino quando, no meio duma vasta planura, apareceu um vulto de porte heril, vestido duma túnica branca e dum manto cinzento. Parou no centro da planície e lançou olhares em derredor, como que à procura de alguma coisa.

Depois, encaminhou-se a um enorme montão de pedras, encimado por uma tabuleta, na qual se via meia dúzia de palavras escritas em linguagem e caracteres estranhos; mas o solitário viandante, conhecedor de todos os idiomas do mundo, logo compreendeu o sentido da legenda. Traduzida em nossa língua, dizia:

"Ilha de Manhattan, propriedade da Tribo Invencível".

Mais além, havia umas palhoças, e ao pé de uma delas estava sentado um grupo de homens seminus ocupados na confecção e no conserto de redes de pescar.

O viandante da túnica branca aproximou-se dos homens e saudou-os amigavelmente na língua deles.

— Recuperamos a nossa ilha — disse um dos homens mais idosos, que parecia ser uma espécie de chefe ou cacique. — Segundo tradição antiquíssima, foi esta ilha de Manhattan propriedade da nossa Tribo Invencível. Até o nome é da nossa língua. Mais tarde — faz muitos séculos — nos foi ela roubada por uns invasores de cara branca, como a tua, amigo. Mas tu não pareces vir com más intenções. Podes ficar conosco. Agora, depois que os caras-brancas se mataram todos uns aos outros com aquelas horríveis máquinas de raios e trovões, voltou a ilha a ser propriedade nossa. Infelizmente, já não é tão bela como outrora. Olha só este fundão...

O chefe apontou para um abismo que parecia enorme cratera de vulcão extinto, e acrescentou, estendendo a mão direita:

— Cuidado, não te aproximes! Pode ser que o ar em derredor ainda esteja envenenado. Há séculos que foi aberto pelas máquinas de raios e trovões dos caras-brancas, que haviam construído aqui, por cima e ao redor da nossa ilha, uma grande cidade. Muita gente nossa morreu com as irradiações infernais que aqueles engenhos deixaram na terra e no ar. Houve uma invasão de maus espíritos... Para as bandas além fica o grande rio, que os caras-brancas chamavam Hudson, mas que agora tem outra vez um nome decente em nossa língua.

Lenta e pensativamente foi o homem da túnica branca andando pela ilha e arredores, imenso deserto caótico de ruínas, entremeadas de vegetação rasteira e doentia, e rasgada de dezenas de horrorosas crateras cheias de água escura.

Neste ponto — explicou o chefe, apontando para uma vasta planície rochosa semeada de gigantescos blocos de pedra — estava situado, como diziam nossos antepassados, o maior edifício do mundo que os caras-brancas haviam erguido. Sabes ler o que está gravado aí nesse rochedo?

O homem da túnica branca parou e leu: *Empire State Building*...

* * *

No dia seguinte, ninguém mais encontrou vestígio do estranho adventício. Constou, mais tarde, que nesse mesmo dia ele foi encontrado a andar tranquilamente sobre as águas do Oceano Atlântico, rumo leste. Possuía o dom inexplicável de isentar o seu corpo da lei da gravidade e transportar-se com a velocidade do pensamento a qualquer distância.

Em certa zona do mar fez alto e deu uma série de voltas sobre as águas, como que à procura de alguma coisa. Finalmente, parou diante duma enorme bóia flutuante, acorrentada no fundo do oceano. Sobre o dorso escuro da boia estavam escritas, com tinta vermelha, estas palavras: No fundo destas águas jazem as ruínas de Londres.

Ainda se quedava o homem da túnica branca diante da boia flutuante, quando viu um barco de pescadores a pouca distância. Firmou os pés na ponta arredondada duma pedra que emergia das águas verde-escuras e fez sinal aos homens que se aproximassem, pois eles estavam tomados de pavor com a inesperada visão de um ser humano sobre as águas. Com alguma relutância acercaram-se do desconhecido, que parecia ter emergido do seio do mar. Falavam uma língua parecida com a dos lendários *vikings*, de milênios idos. Pouco a pouco criaram ânimo e ousaram falar com o vulto estranho.

— Estás visitando o lugar das antigas ilhas britânicas? — perguntou um dos pescadores. — Será difícil localizá-las. Ouvimos dos nossos antepassados que os engenhos da morte que vieram dos céus da Sibéria reduziram tudo a fumaça e cinzas. Foi numa única noite. Sobrou apenas esse rochedo em que estás. Por muito tempo ninguém mais pôde pescar por aqui. Estava tudo envenenado. Até às costas das nossas terras apareciam peixes tão envenenados que muitos dos nossos patrícios que deles se alimentaram morreram.

— Um dos nossos entendidos — acrescentou outro pescador — julga ter localizado o ponto onde, outrora, se erguia a catedral de Westminster de que falam livros antigos; ancorou nesse lugar a boia que vês aí. Mas ninguém sabe ao certo se esse é o ponto exato.

* * *

Alguns dias mais tarde, foi o homem da túnica branca encontrado às margens do Tibre. Procurava localizar o ponto onde, em séculos passados, se erguera o suntuoso palácio daquele homem de veste talar de seda branca e tríplice coroa na cabeça, que em 2000 tão eloquentemente defendera a causa do cristianismo econômico. Nada conseguiu, porque toda a vasta área da antiga cidade das sete colinas estava coberta de água, transformada num imenso lago. E que a foz e o leito do Tibre estavam a tal ponto obstruídos de ruínas de casas, palácios e igrejas que as águas do rio, represadas, se haviam espraiado muitos quilômetros fora do seu leito natural, formando aquele vasto lago de água doce.

Mais além, à margem superior da lagoa, avistavam-se umas casinhas singelas, habitadas por uns agricultores não menos simples. Quando viram o homem da túnica branca convidaram-no amigavelmente para tomar um refresco em suas casas. O peregrino aceitou o convite.

Evocando obscuras reminiscências, conseguiram esses lavradores reconstruir, até certo ponto, a história dos últimos séculos. O inquilino do palácio, disseram, que se considerava único representante de Deus sobre a terra, fora obrigado a fugir clandestinamente para o outro lado do mar, porque homens vindos de um vasto país ao norte da Ásia e da Europa invadiram a Itália e espalharam uma ideologia incompatível com as doutrinas desse homem. Por isso, depois daqueles emissários frustrados nos seus intentos, vieram milhares de máquinas mortíferas daquele mesmo país e arrasaram totalmente a vetusta cidade às margens do Tibre.

— Por muito tempo — acrescentou um dos lavradores — aquele poderoso país do norte foi senhor do mundo, daquém e dalém-mar. O próprio fugitivo de Roma foi preso e morto no país dalém-mar aonde fora residir. Finalmente, porém, aquele mesmo país do norte da Ásia e da Europa, de tão rico e poderoso, foi apodrecendo no seu luxo e no seu grande orgulho, e hoje também ele é uma ruína e um deserto, como os outros.

* * *

Ainda por muito tempo foi o homem da capa branca visitando outros países e outras cidades, deste e do outro lado das grandes águas; mas em parte alguma encontrou vestígio das glórias da ciência e da técnica que cobriam a face da terra por ocasião da sua tentativa de voltar ao mundo dos homens, em princípios do terceiro milênio. Por toda a parte, ruínas e destruição. Só nos campos encontrou homens simples, calmos, serenos, de vida humilde e boa.

Um dia, retirou-se o estranho viandante para uma vasta planície, não longe do lugar onde ele, diversos milênios atrás, espalhara pela primeira vez a sua doutrina grandiosamente humilde, humildemente grandiosa, doutrina que os dominadores do mundo não puderam ou não quiseram compreender.

Para as bandas do leste estendia-se um grande lago de águas extremamente límpidas e azuis, em cujas margens se erguiam casinhas brancas e tranquilas rodeadas de sorridentes jardins e pomares. No interior desses lares era maior ainda do que fora a benfazeja serenidade, atingindo, porém, a culminância da sua dinâmica beatitude nas almas dos homens que habitavam esses risonhos santuários.

O estranho vulto de túnica branca foi perlustrando, lenta e pensativamente, essas e outras terras, auscultando o ritmo da vida pura que pulsava através de todas as artérias dos indivíduos e da sociedade. Não encontrou policiamento nem códigos de leis nem armas mortíferas em parte alguma, nem outra coisa que perturbasse a paz dinâmica e exultante felicidade desse pequeno mundo.

Dirigiu-se a uma colina, e milhares de homens, mulheres e crianças foram em seguimento do homem, que não conheciam pelos sentidos do corpo nem pelas faculdades da mente, mas que a afinidade espiritual das suas almas lhes revelava como seu amigo e mestre.

Sentou-se o misterioso viandante no topo da colina e, abrindo os lábios, disse:

"Bem-aventurados os pobres pelo espírito — porque deles é o reino dos céus.

"Bem-aventurados os puros de coração — porque eles verão a Deus.

"Bem-aventurados os que fazem a paz — porque eles serão chamados filhos de Deus.

"Bem-aventurados os que têm fome e sede de justiça — porque eles serão saciados.

"Bem-aventurados os misericordiosos — porque eles alcançarão misericórdia.

"Bem-aventurados os que andam tristes — porque eles serão consolados.

"Bem-aventurados os mansos — porque eles possuirão a terra.

"Bem-aventurados os que sofrem perseguição por causa da justiça — porque deles é o reino dos céus"...

Quando o mestre terminou de dizer estas coisas, brevíssimas e imensas, era tão grande o silêncio em derredor que até parecia audível o jubiloso latejar de milhares de corações e o brilho de milhares de olhos parecia iluminar as verdes campinas circunjacentes... Todos os ouvintes tinham a impressão estranha de perceberem ecos de vozes perdidas na vastidão dos tempos e dos espaços, vozes cujo sentido real só agora emergia das profundezas de suas almas.

E, cansados de milênios de erros e sofrimentos, de vãos tentames de salvação pela ciência e técnica humanas, abraçaram em cheio a mensagem divina que brotava dos lábios e do coração do homem da túnica branca.

Tão profunda e intensa era a felicidade desses homens que se extravasava com irresistível veemência em torrentes de espontânea bondade e simpatia ativa. Sentiam-se todos um só coração e uma só alma; não havia um só indigente entre eles, porque os que possuíam demais davam do seu supérfluo para aliviar as necessidades dos que tinham menos.

Compreenderam todos que aparecera no meio deles o Redentor e fizera despontar dentro deles o reino de Deus — a realização integral do amor de Deus manifestado pelo amor dos homens.

Foi nessa gloriosa manhã de primavera cósmica que o filho pródigo depois de ter demandado terras estranhas, esbanjado o patrimônio da herança paterna, mendigado favores a seus tiranos e sofrido fome e degradação no meio de imundas manadas de seres irracionais, foi nessa manhã que ele, purificado por inauditos sofrimentos, por ele mesmo engendrados, resolveu regressar à casa paterna — e houve grande alegria, música e lauto festim...

E nasceu entre os homens um novo céu e uma nova terra — a paz do Cristo no reino do Cristo.

A humanidade, cristificada, celebrou o segundo advento do Cristo — o seu advento real, definitivo, pela compreensão e pelo amor ativo e universal...

Foi proclamado sobre a face da terra o reino de Deus...

Aleluia!...

Ciência, milagre e oração são compatíveis?

O milagre é contra as leis da natureza?

— O senhor acredita em milagres?
— Por que não?
— Mas o milagre é uma exceção das leis da natureza, e a ciência provou que isto é impossível; as leis naturais são constantes e imutáveis.
— Perfeitamente, as leis naturais são constantes e imutáveis, concordo plenamente; mas nego redondamente que milagre seja uma exceção dessas leis; afirmo que o milagre é a mais brilhante confirmação das leis da natureza.
— Não compreendo essa sua filosofia...
— Não compreende, como? O Reverendo é "mestre em Israel", e ignora estas coisas? Cada domingo, do alto do púlpito, o senhor fala a seu rebanho sobre a vida de Jesus, e acha que o milagre é incompatível com as leis da natureza? Ou o milagre não é de Deus, ou a natureza não é Deus! Não é admissível que haja contradição nas obras de Deus...
— O que eu digo a meu rebanho são as grandes verdades éticas contidas no Evangelho de Jesus Cristo; mas... quanto aos milagres dele... confesso que me são antipáticos e evito falar neles...
— Fantástico! Pelo que vejo, o Reverendo é ótimo discípulo de David Strauss, do Dr. Paulus, de Ernesto Renan, ou de algum outro erudito analfabeto do espírito que desejaria ver os Evangelhos "expurgados" dessa pedra de tropeço que são os milagres do Nazareno.
— Tem razão. Eu preferia um Evangelho sem milagres, porque seria um Evangelho mais científico. Se conseguíssemos expurgar o

Evangelho desses numerosos milagres de que está eivado, ter[í] o mais grandioso documento da ética que já apareceu sobre [a face] da terra.

— Maravilhoso! Mas não teríamos o Cristianismo...
— Como não? Não está o Cristianismo baseado sob[re os] Evangelhos?

— De forma alguma! O Evangelho não é a base do Cristiani[smo]. Quer dizer, o Evangelho como sistema doutrinário de ideias, [sem] os milagres do Cristo, como o Reverendo o desejaria.

— Se não é o Evangelho, o que é então a base do Cristianis[mo?]
— O Cristo, e nada mais. O Cristianismo não é outra c[oisa] senão o próprio Cristo histórico, presente através dos séculos, [o] mesmo, o eterno *Lógos*, que se fez carne e habita entre nós, e [está] conosco todos os dias até a consumação dos séculos. Isto [é o] Cristianismo a 100%! "Cristo, o mesmo, ontem, hoje e para tod[o o] sempre". Mas esse Cristo real é absolutamente inconcebível se[m o] milagre, porque o milagre o revela como soberano de todas [as] forças da natureza, como "Filho do homem", como "o Fi[lho] Unigênito do Pai". O Cristianismo não é um sistema de doutri[nas] éticas, o Cristianismo é um fato objetivo, uma grandiosa realid[ade] histórica, permanente, é a mais estupenda invasão do mundo divi[no] no mundo humano. Idéias e doutrinas não dão forças; toda a for[ça] vem da realidade. O Cristianismo não é uma idéia ética ou poéti[ca,] o Cristianismo é a maior das realidades. Nunca ninguém v[iveu] jubilosamente nem morreu heroicamente por uma ideia, mas p[or] uma realidade, milhares e milhões têm vivido e morrido, em tod[os] os tempos e países...

Se Sócrates, Platão, Buda ou outro gênio espiritual da hum[a]nidade tivessem escrito no Evangelho, tal qual o possuímos, co[m] todas as suas doutrinas éticas, não teríamos o Cristianismo. Mas, s[e] o Cristo tivesse aparecido como apareceu e não tivéssemos [o] Evangelho, ainda assim teríamos o Cristianismo em toda a su[a] pureza, força e plenitude; porque o Cristianismo é o Cristo pe[r]manentemente presente no mundo. Ora, o Cristo real não [é] concebível sem o milagre.

— Por que não?
— Porque pelo milagre provou ele que é superior a todas as lei[s] da natureza e que delas se pode servir a bel-prazer, espontaneamente [e] sem a menor violência contra essas leis. O homem meramente sensitivo é escravo das leis da natureza. O homem intelectual é [...]

escravocrata da natureza, tratando-a como um tirano trata a seu escravo. Mas o homem espiritual, racional, cósmico, o homem integral, o Cristo ou o homem cristificado, não é nem escravo nem escravocrata da natureza — é amigo e aliado da mesma, e por isto coopera pacificamente com a natureza, como amigo e aliado — e isto é ser taumaturgo. O taumaturgo por força intrínseca prova que chegou o fim da sua jornada, deixando de ser tanto escravo como escravocrata da natureza. O Cristo provou a sua plena maturidade humana e adultez espiritual pelo fato de cooperar pacífica e espontaneamente com todas as leis da natureza. Nunca falhou. O homem que domina a natureza apenas mentalmente possui um domínio parcial, precário, incerto, porque violento, compulsório, e é por isso que muitas vezes falha na sua mágica milagreira — mas o homem espiritual não pode falhar, porque o seu domínio é absoluto e espontâneo.

Toda a confusão que reina nesse setor vem do costume de identificarmos a natureza com aquele pequenino fragmento da natureza por nós conhecido. Quando então uma força da parte desconhecida da natureza invade subitamente a parte conhecida da mesma, temos a impressão de ter acontecido algo fora ou até contra as leis da natureza. Permita-me uma comparação ilustrativa:

Uma criança de escola primária lê sofrivelmente o seu primeiro livro de á-bê-cê e chama aquilo de "literatura da humanidade". Para essa criança, os dramas de Shakespeare, a *Divina comédia* de Dante, o *Fausto* de Goethe, o *Paraíso perdido* de Milton, os *Lusíadas* de Camões, etc. não fazem parte da literatura mundial, porque não estão contidos no livro de á-bê-cê que a criança apelida de literatura da humanidade.

Outro símile: um menino de seis ou sete anos aprendeu a tabuada, que representa para ele "a matemática como tal". Qualquer dia, cai-lhe nas mãos uma obra de matemática avançada, digamos *Relatividade* ou a *Teoria do campo unificado*, de Einstein, ou alguma obra de Copérnico, Keppler, Galileu e Newton, que representam altos planos da ciência dos números — mas, para o nosso cachopinho de calças curtas, tudo aquilo está fora do reino da matemática.

É assim que identificam a natureza com a fraçãozinha que dela conhecem e constroem a sua filosofia sobre esse pequeno fragmento.

Os milagres de Jesus e dos seus discípulos, de todos os tempos e países, ultrapassaram grandemente as fronteiras do á-bê-cê e da tabuada da nossa ciência material, que certa gente convenciono chamar "a natureza", mas não ultrapassam as fronteiras da Natureza Absoluta, isto é, da Realidade Universal, porque essa Natureza ou Realidade é o próprio Deus, o Infinito, o Absoluto, o Todo, a Alma e Essência do Universo, para além do que nada existe, porque o Todo abrange tudo o que é real: Deus não está fora do mundo, não está sentado por detrás do universo, como um motorista que está sentado atrás do motor que dirige. Deus está dentro da natureza dentro de cada átomo e de cada astro, dentro de cada pirilampo e de cada relâmpago, dentro de cada pedra, planta, inseto, ave, peixe, animal, homem e anjo, assim como a Vida está dentro de cada ser vivo. A transcendência de Deus não exclui a sua imanência, e a imanência não contradiz a transcendência. Os dualistas, como são quase todos os teólogos ocidentais, admitem a transcendência de Deus, mas negam, ou pelo menos ignoram, a sua imanência. Os panteístas orientais admitem a imanência de Deus em todas as coisas, mas negam ou ignoram muitas vezes a sua transcendência, identificando Deus com todas as coisas. O verdadeiro monoteísmo, porém — que é o cristianismo genuíno e integral —, sabe que Deus é ao mesmo tempo transcendente ao universo e imanente em cada fenômeno do mundo.

— Que, pois, acontece quando alguém realiza um milagre?

— Acontece o seguinte: o taumaturgo aplica uma lei natural que está para além das fronteiras do mundo material, digamos da física e da química de laboratório, mas não está fora da Natureza absoluta e total, por que fora dela nada está.

— Que é que existe para além das forças materiais da natureza?

— Existem as forças *mentais* e as forças *espirituais* (estas últimas chamam, em boa filosofia, *racionais*, uma vez que Deus mesmo é a Razão, o eterno *Lógos*, pelo qual foram feitas todas as coisas). Mas tanto o material como o mental e o espiritual (ou racional) fazem parte da natureza.

Permita-me mais uma ilustração tirada do reino da nossa ciência material:

Alguém nunca viu água senão em estado sólido de gelo, água congelada. Que conceito formaria ele da água? Evidentemente, para esse homem, água é uma massa sólida. Algum dia, ele vê água em estado líquido, e nega que isto seja água natural. Para ele, essa água líquida está fora das leis da natureza da água porque a solidez é, para esse homem, atributo necessário da água.

Imagine-se o espanto desse homem se, algum dia, visse água em estado de vapor suspenso no ar! Será que ele aceitaria como água também essa substância vaporosa? Não seria isto contra as leis da natureza, contra a lei da gravitação, andar a água assim suspensa no vácuo?

E se alguém passasse uma corrente elétrica por um litro de água comum, e a água se transformasse paulatinamente em dois gases invisíveis, H (hidrogênio) e O (oxigênio), e se o cientista dissesse a esse homem ignorante que essa água em forma de H e de O é altamente inflamável, será que nosso ingênuo conhecedor de água sólida aceitaria a combinação de H e O como água real e autêntica? Não diria ele: a água apaga o fogo, e você quer fazer-me crer que a água alimenta o fogo? Que seja um composto de dois elementos combustíveis e até altamente inflamável? Não, não admito semelhante coisa como científica e natural!...

E se esse ingênuo conhecedor de água congelada soubesse que o próprio hidrogênio e oxigênio podem ser desintegrados por um ciclotron ao ponto de resultar uma energia ainda mil vezes mais sutil e poderosa do que todos os estados anteriores dessa água?

Gelo, água, vapor, gás, energia nuclear — a mesma substância em cinco estados diversos, e tanto mais poderosos quanto menos materiais, dotados de propriedades e modos de agir diametralmente opostos — será que isto é ciência natural?

Talvez que não seja ciência lá nos planos ínfimos do á-bê-cê, mas é ciência cá nos planos superiores da universidade do espírito.

Do mesmo modo, o milagre é anticientífico para os analfabetos ou semialfabetizados do grande Livro da Natureza, mas para os universitários da razão e do espírito é o milagre a mais brilhante confirmação das leis da natureza, porque revela essa natureza como infinitamente ampliada.

Que é que podemos fazer com um litro de água? Aplicado a uma rodinha giratória, dessas que as crianças fazem para brincar, pode um litro d'água imprimir a essa rodinha duas ou três voltas ao redor do eixo, e nada mais; expirou a força motriz dum litro d'água.

Com a mesma quantidade de água, evaporada e aplicada aos pistões de uma locomotiva, posso mover essa máquina a certa distância.

Se transformar esse litro d'água em H e O, posso fazer explodir até um grande rochedo.

Ainda com o mesmo litro d'água, desintegrada em prótons e

eléctrons pelo bombardeio atômico com nêutrons, posso obter a energia suficiente para mover um avião quadrimotor ao redor do globo, e ainda sobrará água na volta.

Ora, assim como antigamente o homem só sabia utilizar as forças periféricas da água, e agora lança mão da energia central da mesma, sem ultrapassar nem contradizer as leis da natureza, da mesma forma se serve o taumaturgo, mental ou espiritual, de forças naturais desconhecidas e inatingidas pelo homem comum, conhecedor apenas de forças materiais.

O que o Cristo fez, todo o homem cristificado pode fazer, como afirmou explicitamente o taumaturgo da Galiléia: "As mesmas obras que eu faço vós as fareis, e as fareis maiores". "Nada é impossível àquele que tem fé".

Trata-se simplesmente de libertar dentro de nós forças profundas e poderosas que, até hoje, no homem comum, não foram libertadas. E, para libertar essas forças irresistíveis, deve o homem, antes de tudo, crer na existência real das mesmas, e, depois, viver a perfeita harmonia com sua fé. A fé e a vivência, a fé vivida intensamente, despertarão e libertarão as forças profundas que dormem, reais porém incógnitas, na alma de todo o homem.

Pode a oração modificar as leis da natureza?

Muitos pensam que sim. Outros duvidam ou negam. Estes últimos, naturalmente, não oram e declaram com ares de sabidos: Não adianta orar, pois as leis da natureza são imutáveis; o que deve acontecer acontecerá infalivelmente... A oração é filha da ignorância e da superstição...

Exemplifiquemos. Aqui está um doente desenganado pela medicina humana. Os melhores médicos são unânimes em afirmar que ele vai morrer em breve, de um colapso cardíaco, de tuberculose, de câncer, ou outra moléstia fatal.

Entretanto, na manhã seguinte, esse homem condenado à morte pela ciência humana se levanta, com perfeita saúde, e continua a viver por anos e decênios. Nem vestígio de lesão cardíaca, tuberculose, câncer, ou outra moléstia.

Casos desses, como todos sabem, não são fictícios. São e têm sido reais através de todos os séculos.

Que foi que aconteceu?

A ciência encolhe os ombros, perplexa, ignorante, tecendo mil hipóteses em torno do caso, sem acertar com a verdadeira explicação.

Os homens religiosos falam em milagre, quer dizer, no entender deles, houve uma intervenção divina, sobrenatural, para além das forças da natureza.

Entretanto, nem estes nem aqueles têm razão. Nem as forças materiais da ciência, nem as forças sobrenaturais curaram esse organismo. Ele foi curado em virtude de forças inteiramente naturais, mas que ultrapassam o âmbito da matéria; porquanto a natureza não é toda material; ela é material no seu plano ínfimo, mental no seu plano médio, e espiritual no seu plano superior — tudo isto, porém, é natural, perfeitamente natural. O recurso a uma ordem sobrenatural não passa de um refúgio da nossa ignorância. O que chamamos sobrenatural é apenas aquela zona do natural que fica para além da zona por nós atingida. Um milhão de anos antes da nossa era, teria sido sobrenatural quase tudo o que hoje em dia é natural para a nossa ciência e técnica, como aviões, submarinos, rádio, radar, televisão, etc. Quanto mais o homem se mentaliza e espiritualiza, mais se naturaliza, o que equivale a dizer que se des-sobrenaturaliza cada vez mais. Para o homem plenamente espiritual, tudo é natural, nada é sobrenatural. Para Jesus, todos o milagres eram naturais.

Que aconteceu, pois, com o nosso doente gravemente enfermo e desenganado pela medicina material?

Aconteceu um milagre[1], mas dentro das leis da natureza. Algum homem — talvez o próprio doente — orou. "E a oração de fé salvou o doente", como escrevia, quase vinte séculos atrás, um dos iniciados nos mistérios do mundo espiritual, o apóstolo Tiago, que vira os milagres de Jesus.

Mas, como pode a oração, essa coisa invisível e imaterial, produzir um efeito material, e talvez instantâneo? Pode uma causa vaga e incerta, como a oração da fé, produzir um efeito certo e concreto, como o de restaurar em pouco tempo milhões e bilhões de células orgânicas destruídas pela moléstia? Não está isto em flagrante contradição com as leis da natureza, que são férreas e imutáveis?

Meu ingênuo materialista! Saia do seu livro de á-bê-cê! Ultrapasse a sua tabuada! Matricule-se na universidade da natureza! Se a natureza fosse aquele soldadinho de chumbo ou aquela bonequinha de celulóide com que os cientistas de jardim de infância se divertem e que pomposamente apelidam de "natureza", é claro que não haveria

---

[1] A própria palavra "milagre" define bem o que é. A palavra latina *miraculum*, de que formamos "milagre", significa algo de que o homem se "admira". Ora, o homem só se admira de algo que ignora. Coisas conhecidas não são objetos de admiração ou espanto. Quando um fenômeno de causa desconhecida acontece, o homem fica admirado, estupefato. Se lhe conhecesse a causa, não se admiraria, não haveria *miraculum*, milagre.

nenhuma explicação natural para uma cura como esta. Se a oração da fé operasse apenas com elementos vagos e incertos, fracos, quase irreais, não se explicaria um efeito tão grande e palpável como a cura de uma moléstia materialmente incurável, porquanto a boa lógica nos proíbe de admitirmos um efeito maior que sua causa. Ora, se aqui temos um efeito estupendamente grande, não é lógico concluir que a causa deve ser pelo menos tão grande e poderosa como o efeito? A invisibilidade da causa em nada afeta a sua realidade e força, a não ser que algum ignorante erudito identifique *visibilidade* com *realidade*. A própria ciência dos nossos dias nos proíbe terminantemente de fazermos essa infeliz identificação; todo cidadão da Era Atômica sabe que visibilidade e realidade estão na razão inversa, quer dizer que tanto mais real é uma coisa quanto menos visível, tanto menos real quanto mais visível. A matéria é fartamente visível, mas é pouco real, e por isto mesmo fraca; a energia é menos visível, e por isto mais real e mais poderosa; a energia nuclear é em si totalmente imperceptível, e todos sabemos quão real e poderosa ela é. A mais imperceptível de todas as coisas reais, no plano físico, é a luz, a luz cósmica, absoluta, e é precisamente a luz que, segundo Einstein, é a realíssima realidade, a base e origem de todas as demais energias e matérias do Universo.

As forças mentais e espirituais são, por sua natureza, invisíveis; são energias, e não matérias. A força espiritual tem íntima afinidade com a luz, a maior das forças que a ciência conhece. Se essa força material for aplicada a um objeto material, como um organismo doente, quem não vê o tremendo impacto que ela poderá exercer sobre o mesmo? Todo o segredo está em como aplicar essa força imaterial, a oração da fé, ao corpo material. Entretanto, há numerosos casos em que essa aplicação se verificou, com os resultados chamados milagres.

Que faz então o homem que ora com fé?

Aplica à parte material do mundo, ou do corpo, uma força espiritual; aplica o mais forte ao menos forte, e este, naturalmente, cederá àquele. Assenta a alavanca num ponto de apoio situado para além das fronteiras da matéria, executa um movimento — e desloca do seu lugar o peso enorme da moléstia física, peso que nenhum médico poderia deslocar, porque não tinha ponto de apoio fora da matéria onde assentar a alavanca. O essencial é encontrar esse ponto de apoio fora da matéria. Contam que o velho matemático grego, Arquimedes, exclamou um dia: "Dai-me um ponto de apoio fora do mundo — e deslocarei o Universo do seu eixo!" Referia-se ele à conhecida lei da alavanca. Todo mecânico sabe que, por exemplo, com a alavanca de um metro aplicada de modo que, digamos, 90 centímetros fiquem do lado do movente e apenas 10 do lado do peso a ser movido, a força de suspensão é multiplicada automaticamente pelo quadrado da diferença que há entre as duas partes da alavanca, relativamente ao ponto de apoio. E se o mecânico construiu um sistema de alavancas concatenadas, de maneira que a parte menor de uma alavanca pegue cada vez na parte maior da outra, pode ele multiplicar indefinidamente a força da alavanca, podendo até mover com um só dedo o Pão de Açúcar, o Corcovado ou outro peso qualquer — suposto, naturalmente, que suas alavancas tenham um ponto de apoio fora do plano do peso a ser movido.

No entanto, o que o homem que ora com fé faz não é outra coisa senão assentar a alavanca num fulcro situado fora do movediço areal das coisas materiais, em permanente fluxo e refluxo. Se consegue esse ponto de apoio imóvel, suspenderá e deslocará da sua base o grande peso do mal que o aflige.

Mas todo o mistério está em descobrir de fato esse ponto de apoio. Só um homem que nas regiões imateriais da natureza se sinta perfeitamente "em casa" é que poderá com infalível acerto aplicar a sua alavanca. É o que acontecia com aquele profeta de Nazaré. Não consta que tenha falhado uma só vez em suas curas milagrosas. Acertou 100%, porque esse invisível mundo espiritual era para ele tão real como o mundo visível da matéria, e as leis que governam o mundo invisível eram para Jesus matematicamente certas e meridianamente claras. Com efeito, as leis do mundo espiritual agem com a mesma precisão matemática que as leis da física, da química, da eletricidade, da eletrônica, da atômica, ou de outro departamento qualquer do plano material.

É para muita estranheza que os homens pensantes não se interessem seriamente por descobrir a matemática e a geometria do mundo espiritual, quando o conhecimento e a aplicação dessas leis derrotariam os piores inimigos tradicionais da humanidade. Jesus nunca esteve doente, porque conhecia essas leis e vivia em perfeita harmonia com elas. Permitiu, durante algum tempo, que forças adversas vindas de fora deste o pudessem ferir — mais tarde também se tornou invulnerável neste setor — mas nunca nasceu dentro do seu próprio corpo uma força negativa que o fizesse sofrer.

A saúde é natural, a moléstia é desnatural. Ninguém procura

explicar o que é natural, todos querem explicar o que é desnatural. Por que é que sofro isto ou aquilo? O primeiro pensamento é o de um castigo infligido por algum ser invisível, algum Deus vingador. Castigo por quê? Por mal cometido, por algum pecado. Mas, se eu não tenho consciência de pecado algum, como dizia Jó: O meu pecado deve ter sido cometido, então, numa existência anterior cuja memória não persiste na minha encarnação atual. Mas, o que mais importa não é saber *por que sofro*, mas sim *para quê*. A causa do meu sofrimento é misteriosa, mas a *finalidade* do meu sofrimento é clara. Sofro para evolver, ou para me libertar de alguma impureza. Se criei a causa, posso também aboli-la.

Se o homem, quer desta quer daquela filosofia, conseguisse ascender a regiões superiores, ultrapassando a zona da matéria e invadindo os domínios do espírito, desapareceria todo o problema e toda a problemática do sofrimento — porque desapareceria o próprio sofrimento compulsório.

Assim como a *pecabilidade* gerou a *passibilidade*, do mesmo modo a *impecabilidade* produz necessariamente a *impassibilidade*. O erro na zona espiritual se chama *pecado*, o erro na zona material se chama *sofrimento*. Sendo aquele a causa deste, é lógico que o efeito (sofrimento, passibilidade) não pode ser definitivamente abolido sem a abolição da causa (pecado, pecabilidade). Apenas em caráter transitório, intermitente, esporádico, é o sofrimento abolido no plano do pecado; mas, para a abolição permanente, radical e definitiva do sofrimento, requer-se a destruição radical e permanente do pecado e da própria pecabilidade.

Com o despontar da inteligência começou no mundo a pecabilidade, que, não raro, acaba em pecado. "Espinhos e abrolhos", "trabalhos no suor do seu rosto", "parto por entre dores" são as consequências da intelectualização do homem e da mulher, porque a zona do intelecto é a zona da pecabilidade. Onde não há intelecto não há o "conhecimento do bem e do mal", não há oscilação entre a luz e as trevas, entre o positivo e o negativo. Quando o homem comeu "do fruto da árvore do conhecimento", quando o homem sensitivo do Éden se tornou o homem intelectivo da serpente, entrou ele na zona da pecabilidade, e pecabilidade quer dizer passibilidade compulsória.

Para se libertar do sofrimento é necessário que o homem se liberte da pecabilidade e do pecado. De que modo? Perdendo a inteligência, essa gloriosa conquista da humanidade post-edênica?

Não pela perda desse dom divino, mas pela integração da inteligência na razão, isto é, no espírito.

Quando o homem, egresso do Éden e ingresso no domínio da serpente, gemia oprimido de dores e sofrimentos, percebeu ele, nas íntimas profundezas da sua natureza, uma voz que lhe dizia: "De dentro de tua própria estirpe nascerá alguém que esmagará a cabeça da serpente".

É esta a primeira voz longínqua da redenção do homem. São estes os primeiros albores do dia que há de nascer após as trevas e penumbras da humanidade pecadora e sofredora de hoje.

Que poder é esse que nascerá das profundezas da própria natureza humana e sujeitará a seu domínio a própria inteligência?

É o poder da Razão, do Espírito divino latente no homem. Um dia, esse espírito acordará — e já acordou plenamente, pelo menos num representante da humanidade, no "filho do homem", no homem por excelência.

Que é que fará acordar no homem pecador e sofredor de hoje esse espírito divino, a Razão, o eterno *Lógos*, seu verdadeiro Eu divino?

A oração, a frequente e intensa submersão no oceano da divindade, a comunhão com Deus, o permanente "andar na presença de Deus".

Que é orar?
Um ato ou uma atitude?

"É necessário orar sempre, e nunca deixar de orar".

Estas palavras de Jesus são para o homem profano o maior dos enigmas — ou então o maior dos absurdos. Como posso orar sempre, se tenho de trabalhar? Se cumprisse essa ordem de Jesus deveria desistir de todos os meus trabalhos profissionais, descuidar-me da família, dos deveres sociais, da ciência, da arte e de tudo que faz da vida humana uma existência possível e digna. O cristianismo, como se vê, não é compatível com uma vida normalmente humana.

Assim dizem e pensam os analfabetos do mundo espiritual.

Por quê?

Porque ignoram completamente o que seja "orar".

"Orar" é, para o homem comum, proferir certas fórmulas, em certos tempos, em certos lugares, sobretudo aos domingos, numa determinada igreja.

"Orar", no sentido de Jesus e de todos os gênios espirituais, não é um ato, mas sim uma atitude, embora essa atitude interna, permanente, se manifeste, de vez em quando, em atos externos, transitórios. A íntima essência da oração, porém, é uma atitude, isto é, um modo de ser, uma espécie de vida, a saúde, a alegria, o amor, que são estados ou atitudes do ser humano, e não apenas atos externos.

É necessário, diz o Mestre, que o homem crie dentro de si essa atmosfera permanente de oração e viva nesse ambiente, como quem vive em plena luz solar. A luz solar não impede ninguém de trabalhar; pelo contrário, favorece o trabalho, dá saúde, bem-estar, alegria, felicidade, e mata os miasmas que poderiam destruir a saúde. A oração permanente de que Jesus fala é, pois, uma espécie de constante luminosidade interior, ou uma consciência espiritual que envolve e penetra todos os nossos trabalhos diários, cingindo tudo de um como que invisível halo, duma auréola de beleza, leveza e poesia.

Embora a oração seja essencialmente uma atitude permanente, contudo ela não pode prescindir de atos individuais, assídua e intensamente repetidos. A atitude é uma espécie de estratificação subterrânea que se formou dos resíduos inconscientes de numerosos atos conscientes que, por assim dizer, desceram da superfície do Ego para as profundezas do Eu, e ali se depositaram até formar essa vasta camada do hábito permanente, que chamamos atitude.

Uma vez que essa camada subconsciente — ou, melhor, superconsciência — adquiriu suficiente volume, dela irradiam invisíveis energias rumo à superfície do Ego consciente, que, a partir daí, age, mesmo sem o saber, em virtude dessa zona superconsciente do seu ser. Daí a grande necessidade da formação de atitudes ou hábitos positivos, bons, e o perigo da criação de hábitos negativos, maus.

A fim de formar essa atitude permanente, deve o homem ter uma hora certa, cada dia, para se abismar completamente no mundo espiritual. Essa hora de oração, meditação ou comunhão com Deus é absolutamente indispensável para a saúde e a vida da alma. Durante a meditação deve o nosso Eu espiritual estar, fixa e intensamente, focalizado em Deus e no mundo divino, sem divagar pelo mundo dos sentimentos ou dos pensamentos. É o que Jesus chama "retirar-se para o seu cubículo, fechar a porta atrás de si e orar a sós com Deus". Nessa hora espiritual, a alma se torna como que uma aguda lâmina, uma chama de intensíssima vibração, sem irrequietos bruxuleios, que seriam sinal de baixa frequência ou pouca intensidade. Para facilitar essa focalização imóvel, muitas pessoas servem-se de palavras como estas, internamente proferidas: "Eu e o Pai somos um", "O Pai está em mim e eu estou no Pai", "O Cristo vive em mim", "Eu sou a luz do mundo", etc.

Quanto mais diuturna e intensa for essa focalização da consciência espiritual, tanto maior a abundância de luz e força que a alma recebe, porquanto a medida do recebimento depende do grau de receptividade, e essa prática eleva e intensifica grandemente a receptividade da alma.

Terminada a meditação, ou oração meditada, volta o homem a

seus afazeres cotidianos, mas sem perder o contato interno com o mundo espiritual, que passará a espiritualizar o seu mundo material, não só sem prejuízo, mas até com real vantagem desse mesmo mundo material.

Saúde quer dizer integração do indivíduo no Todo.

Doença é integração deficiente do indivíduo no Todo.

Morte é falta total de integração, ou seja, separação mortífera.

No plano material, essa integração do indivíduo no Todo maior é feita constantemente de dois modos: pela *alimentação* e pela *respiração*. Cerca de três vezes por dia, de oito em oito horas, o organismo humano normal se põe em contato mais direto com o Todo, o Universo, o Mundo circunjacente, mediante a ingestão e assimilação de novas energias armazenadas nos alimentos que toma, energias essas que a ciência denomina significativamente "calorias". Caloria vem de calor. De fato, todas as energias que recebemos pela alimentação provêm da luz solar. Toda comida é filha do sol.

Cerca de 15 vezes por minuto, em estado de repouso normal, recebe o nosso organismo, além disto, energias cósmicas por meio da respiração, o que perfaz cerca de 900 in- e ex-alações por hora, ou 21.600 por dia. O oxigênio inalado é o vínculo que põe o organismo individual em contato direto com o vasto oceano das energias do Universo, contato renovado umas 21.600 vezes por dia, mesmo durante o sono.

Sem esse permanente e sempre renovado contato entre o corpo individual e as energias do Universo não há vida nem saúde.

Ora, essa mesma lei do mundo material vigora também no mundo espiritual: vida e saúde são permanente contato entre o ser individual e o Ser Universal. O que, no plano material orgânico, é feito por meio da assimilação e respiração, isto é feito, no plano espiritual, por meio da oração ou permanente comunhão com Deus. Sem esse contato não há vida e saúde espiritual. Onde cessa a assimilação ou respiração, sucumbe o indivíduo por inanição ou asfixia — e onde cessa a oração, que é a assimilação e a respiração da alma, adoece e desfalece a alma por falta de elementos vitais.

Conhecedor dessa verdade, disse Jesus: "É necessário orar sempre, e nunca deixar de orar". A oração são as calorias e o oxigênio do espírito.

Que ideia formaríamos de um homem que dissesse: "Não posso respirar sempre porque tenho de trabalhar"? Ora, não menos absurda é a atitude de um homem que julga não poder orar sempre porque tem de exercer esta ou aquela profissão.

Existe uma relação íntima entre corpo e alma, entre a parte material e a espiritual do homem. E muitas vezes, se não sempre, uma parte age sobre a outra, a saúde ou a doença de uma afeta o bem-estar ou o mal-estar da outra parte. "Vai-te" e não tornes a pecar, para que não te suceda coisa pior.

"Tem confiança, meu filho, os teus pecados te são perdoados — levanta-te e anda!" — É com estas palavras que Jesus afirma a estreita relação entre a moléstia material e a moléstia moral desses homens.

Entretanto, raras vezes chega a saúde espiritual a atingir suficiente perfeição para que possa, sem auxílio externo, realizar a saúde material.

No Evangelho, aquele centurião de Cafarnaum que, segundo Jesus, tinha uma fé maior do que outro qualquer em Israel, não curou o seu servo doente; mas, em contato com o poderoso foco espiritual de Jesus, essa fé foi grandemente potencializada — e deu-se a cura do doente. Coisa análoga aconteceu com a mulher Cananéia, cuja fé no dizer de Jesus era grande, mas só com o contato com a espiritualidade superior do nazareno é que conseguiu curar a filha atormentada por um mau espírito. Mesmo aquele outro homem que, num só fôlego, se confessa crente e descrente — "creio, Senhor, ajuda a minha incredulidade" — obtém a cura de um doente, porque o baixo potencial da sua fé é potencializado pelo contato com a elevada espiritualidade do Mestre.

Um ímã de alta potência, atuando sobre outro de baixa potência, potencializa este e capacita-o de realizar o que ele, isoladamente, não poderia efetuar.

Uma bateria de alta voltagem, posta em contato — ou mesmo sem contato, por simples indução indireta — com outra bateria de voltagem inferior, eleva a voltagem desta e lhe confere um poder acima do que ela possuía por si mesma. Nunca uma bateria mais forte perde energia pelo contato com uma bateria menos forte, mas sempre o *mais* domina o *menos*, o *positivo* eleva o *negativo*, a *plenitude* dá do seu à *vacuidade*, "A luz brilha nas trevas, e as trevas não a extinguiram"...

Em resumo: o poder da oração não está no orante, mas sim no mundo espiritual com o qual o orante se põe em contato mediante a oração da fé. O orante não é fonte, senão apenas canal ou veículo entre o mundo material e o mundo espiritual. Se esse canal é limpo, idôneo, não obstruído, derivam espontaneamente dele os fluidos espirituais e atuam sobre o mundo material. E é por isto mesmo que "tudo é possível àquele que tem fé"; "tudo o que pedirdes em meu nome, crede que o recebereis".

E acontece aquilo que se chama "milagre", isto é, a invasão do mundo espiritual no mundo material da natureza.

Dia virá em que o chamado "milagre" passará a fazer parte integrante da ciência e da vida normal do homem, assim como, em nossos dias, a eletricidade, o magnetismo, a energia nuclear e outras forças, outrora misteriosas e hoje conhecidas, fazem parte da vida do homem do século vinte.

Autoiniciação e cosmo-meditação

Autoiniciação

Hoje em dia, muitas pessoas falam em iniciação. Todos querem ser iniciados.

Mas entendem por iniciação uma alo-iniciação, uma iniciação por outra pessoa, por um mestre, um guru.

Esta alo-iniciação é uma utopia, uma ilusão, uma fraude espiritual.

Só existe autoiniciação. O homem só pode ser iniciado por si mesmo. O que o Mestre, o guru, pode fazer é mostrar o caminho por onde alguém se pode autoiniciar; pode colocar setas ao longo do caminho, setas ao longo da encruzilhada, setas que indiquem a direção certa que o discípulo deve seguir para chegar ao conhecimento da verdade sobre si mesmo. Isto pode e deve o mestre fazer — suposto que ele mesmo seja um autoiniciado.

Jesus, o maior dos Mestres que a humanidade ocidental conhece, ao menos aqui, durante três anos consecutivos mostrou a seus discípulos o caminho da iniciação, o que ele chama o "Reino dos Céus", mas não iniciou nenhum dos seus discípulos. Eles mesmos se autoiniciaram na gloriosa manhã do domingo de Pentecostes, às 9 horas da manhã — como diz Lucas, nos Atos dos Apóstolos.

Mas esta grandiosa autoiniciação aconteceu só depois de 9 dias de profundo silêncio e meditação; 120 pessoas se autoiniciaram, sem nenhum mestre externo, só dirigidas pelo mestre interno de cada um, pela consciência de seu próprio Eu divino, da sua alma, do seu Cristo Interno.

E esta autoiniciação do primeiro Pentecostes, em Jerusalém,

pode e deve ser realizada por toda pessoa. Mas, acima de tudo, o que é que quer dizer Iniciação?

Iniciação é o início na experiência da verdade sobre si mesmo.

O homem profano vive na ilusão sobre si mesmo. Não sabe o que ele é realmente. O homem profano se identifica com o seu corpo, com a sua mente, com suas emoções. E nesta ilusão vive o homem profano a vida inteira, 30, 50, 80 anos. Não se iniciou na verdade sobre si mesmo, não possui autoconhecimento, e por isto não pode entrar na autorrealização.

O que deve um homem profano fazer para se autoiniciar? Para sair do mundo da ilusão sobre si mesmo e entrar no mundo da verdade?

Deve fazer o que fez o primeiro grupo de autoiniciados, no ano 33, em Jerusalém, isto é, deve aprender a meditar, ou cosmo-meditar.

Os discípulos de Jesus fizeram três anos de aprendizado e nove dias de meditação — depois se autoiniciaram. Descobriram a verdade libertadora sobre si mesmos. A verdade que os libertou da velha ilusão de se identificarem com o seu corpo, com a sua mente, com as suas emoções; saíram das trevas da ilusão escravizante, e ingressaram na luz da verdade libertadora: "Eu sou espírito, eu sou alma, eu e o Pai somos um, o Pai está em mim e eu estou no Pai... O reino dos céus está dentro de mim".

E quem descobre a verdade sobre si mesmo liberta-se de todas as inverdades e ilusões. Liberta-se do egoísmo, da ganância, da luxúria, da vontade de explorar, de defraudar os outros. Liberta-se de toda a injustiça, de toda a desonestidade, de todos os ódios e malevolências — de todo o mundo caótico do velho ego.

O iniciado morre para o seu ego ilusório e nasce para o seu Eu verdadeiro.

O iniciado dá o início, o primeiro passo, para dentro do "Reino dos Céus". Começa a vida eterna em plena vida terrestre. Não espera um céu para depois da morte, vive no céu da verdade, aqui e agora — e para sempre.

Isto é autoiniciação.

Isto é autoconhecimento.

Isto é autorrealização.

O início de tudo isto é a meditação ou cosmo-meditação, de que já falamos em outra ocasião.

Repito que é impossível a verdadeira meditação sem que o homem se esvazie de todos os conteúdo do seu ego ilusório; quem se esvaziar da sua ego-consciência será plenificado pela cosmo-consciência, que é a iniciação.

Mas é possível realizar este ego-esvaziamento na hora da meditação, mesmo que seja meia hora de introversão, se o homem viver 24 horas extrovertido, escravizado pelas coisas de seu ego ilusório.

A meia hora de meditação nada resolve, não abre as portas para a iniciação — se o homem não se libertar, durante o dia, da escravidão de seu ego.

Como fazer isto?

Libertar-se da escravidão do ego é usar coisas materiais na medida do necessário, e não do supérfluo; o homem deve e pode ter um conforto necessário, sem desejar confortismos excessivos.

A *mística* da hora da meditação é impossível sem a *ética* da vida diária, sem o desapego do supérfluo. Luxo e luxúria são lixo, que atravancam o caminho para a iniciação. Quem não remove esse lixo do luxo e da luxúria pode fazer quantas meditações quiser que não se poderá iniciar; porque as leis cósmicas não podem ser burladas.

A verdadeira felicidade do homem começa com a sua autoiniciação. Fora disto, pode ele ter um mundo de gozos e prazeres, mas não terá felicidade verdadeira, paz de espírito, tranquilidade de consciência. Todos os gozos e prazeres são do ego ilusório, somente a felicidade é do Eu verdadeiro.

Um autoiniciado é também um redentor, para os outros.

Quando um único homem, escreveu Mahatma Gandhi, chega à plenitude do amor (autorrealização), neutraliza ele o ódio de muitos milhões.

Nada pode o mundo esperar de um homem que espera algo do mundo — tudo pode o mundo esperar de um homem que nada espera do mundo.

O iniciado dá tudo e não espera nada do mundo. Ele já encerrou as contas com o mundo, está quite com o mundo. Pode dar tudo sem perder nada.

O autoiniciado é um místico — não um místico de isolamento solitário, mas um místico dinâmico e solidário, que vive no meio do mundo sem ser do mundo.

Onde há uma plenitude, aí há um transbordamento. O homem plenificado pelo autoconhecimento e pela autorrealização transborda a sua plenitude, consciente ou inconscientemente, saiba ou não saiba, queira ou não queira. Esta lei cósmica funciona infalivelmente Faz bem pelo fato de ser bom, de viver em harmonia com a alma do Universo.

Por isto, para fazer bem aos outros e à humanidade, não é necessário nem é suficiente fazer muitas coisas, mas é necessário e é suficiente ser bom, ser realizado e plenificado do seu Eu central, conscientizar-se e vivenciar de acordo com o seu Eu central, com o seu Cristo interno.

A plenitude da consciência mística da paternidade única de Deus transborda irresistivelmente na vivência ética da fraternidade universal dos homens.

Para ter laranjas — laranjas verdadeiras — não é necessário fabricá-las. É necessário e suficiente ter uma laranjeira real e mantê-la forte e vigorosa. Nem é necessário ensinar à laranjeira como fazer laranjas — ela mesma sabe, com infalível certeza, como fazer flores e frutos.

Assim, toda a preocupação de querer fazer bem aos outros sem ser bom é uma ilusão tão funesta como o esforço de querer fabricar uma laranja verdadeira sem ter uma laranjeira. Mais importante que todo *fazer* é *ser*. Onde não há plenitude interna não pode haver transbordamento externo. Para fazer o bem aos outros deve o homem ser realmente bom em si mesmo.

Que quer dizer ser bom?

Ser bom não é ser bonachão, nem bonzinho, nem bombonzinho. Para ser realmente bom deve o homem estar em perfeita harmonia com as leis eternas da verdade, da justiça, da honestidade, do amor, da fraternidade, e viver de acordo com esta sua consciência.

Todo o fazer bem sem ser bom é ilusório, assim como qualquer transbordamento é impossível sem haver plenitude. O nosso fazer bem vale tanto quanto o nosso ser bom. O ser bom é autoconhecimento e autorrealização.

Somente o conhecimento da verdade sobre si mesmo é libertador; toda e qualquer ilusão sobre si mesmo é escravizante.

Os mais ruidosos sucessos sem a realização interna são deslumbrantes vacuidades; são como bolhas de sabão — belas por fora, mas cheias de vacuidade por dentro. 1% de *ser bom* realiza mais do que 100% de *fazer bem*.

Autoiniciação é essencialmente uma questão de *ser*, e não de *fazer*. Esta plenitude do ser não se realiza pela simples solidão, mas pelo revezamento de introversão e extroversão. O homem deve, periodicamente, fazer o seu ingresso dentro de si mesmo, na solidão da meditação, e depois fazer o egresso para o mundo externo, a fim de testar a força e a autenticidade do seu ingresso.

Todo o autoiniciado consiste nesse *ingredir* e nesse *egredir*, nessa implosão mística e nessa explosão ética.

Não há evolução sem resistência. Tudo que é fácil não é garantido; toda evolução ascensional é difícil, exige luta, sofrimento, resistência.

Estagnar é fácil.

Descer é facílimo.

Subir é difícil.

Toda evolução é uma subida, e sem subida não há iniciação.

Autoiniciação e autorrealização são o destino supremo do homem.

Um único homem autorrealizado é maior maravilha do que todas as outras grandezas do Universo.

◻

Cosmo-meditação

A verdadeira meditação, ou cosmo-meditação, é indispensável para a felicidade e a plenitude do homem.

A genuína felicidade supõe que o homem se conheça a si mesmo, na sua realidade central, e viva de acordo com este conhecimento.

Autoconhecimento e autorrealização são os dois polos sobre os quais gira toda a vida do homem integral ou univérsico. "Conhecereis a Verdade" — disse o divino Mestre — "e a Verdade vos libertará".

O autoconhecimento, que é a base da autorrealização, não é possível sem uma profunda cosmo-meditação. O próprio Cristo antes de iniciar a sua vida pública passou 40 dias e 40 noites em cosmo-meditação permanente, no deserto, e durante os 3 anos da sua vida pública, referem os Evangelhos, Jesus passava noites inteiras na solidão, no deserto, ou no cume de um monte em oração com Deus.

O homem não é o seu corpo, nem a sua mente, nem as suas emoções, que são apenas o seu envólucro, o seu ego periférico. O homem é o seu Espírito, a sua Alma, o seu Eu-central, e, para ter disto plena certeza, deve o homem isolar-se temporariamente de todas as suas periferias ilusórias, para ter consciência direta e imediata da sua realidade central, isto é, meditar, ou cosmo-meditar. Quando o homem cosmo-medita, ele deixa de ser ego-pensante e se torna cosmo-pensado. Deixa de ser ego-agente e se torna cosmo-vivido, ou na linguagem do Cristo "não sou eu que faço as obras, é o Pai em mim que faz as obras, de mim mesmo eu nada posso fazer". Ou na linguagem de Paulo de Tarso "eu morro todos os dias, e é por isto que eu vivo, mas já não sou eu que vivo, é o Cristo que vive em mim". "Se o grão de trigo não morrer, fica estéril — diz o Cristo — mas se morrer então produzirá muitos frutos"; o ego é simbolizado por um grão de trigo, ou uma semente qualquer, o Eu é a própria vida do gérmen, que está na semente. O gérmen vivo do Eu não pode brotar, se a casca do ego não se dissolver. Quem não tem a coragem de morrer voluntariamente, antes de ser morto compulsoriamente, não pode viver gloriosamente no mundo presente.

É necessário que o homem morra para o seu ego estéril para que viva para o seu Eu fecundo.

Muitos querem saber quando e onde se deve cosmo-meditar. O divino Mestre diz: "Orai sempre e nunca deixeis de orar". Orar não quer dizer rezar, que é recitar fórmulas. Orar, como a própria palavra diz, é abrir-se rumo ao Infinito, deixar-se invadir pelo Infinito, isto, segundo os mestres, é orar. Esta meditação permanente, esta meditação-atitude, de que fala o Cristo, tem que ser precedida por muitas meditações-ato. A meditação permanente deve começar com meditações intermitentes. A melhor hora para a meditação é sempre de manhã cedo, antes de iniciar qualquer trabalho. Quem não pode meditar de manhã cedo, medite à noite, antes de dormir, mas cuidado, quando alguém está muito cansado, depois dos trabalhos diurnos, é difícil fazer verdadeira meditação, porque a meditação é um trabalho muito sério. Acrobacia mental ou cochilo devocional não é meditação.

Convém que cada um tenha um recinto fechado e silencioso para meditar e que faça a sua meditação sempre à mesma hora e no mesmo lugar. É experiência que um recinto fechado se transforma, pouco a pouco, num santuário que facilita a meditação e a concentração mental, porque as auras e as vibrações deste lugar modificam favoravelmente o próprio ambiente.

Quanto à posição do corpo, observa-se o seguinte: quem não pode sentar-se à maneira dos orientais, em posição de lótus, sobre as pernas dobradas, use uma cadeira de acento firme, espaldar ereto, mantenha o corpo em atitude natural ereta, não cruze as pernas, e coloque as mãos no regaço, junto ao corpo, mantenha os olhos semifechados para favorecer a concentração. Uma luz suavemente azulada ou esverdeada, ou pelo menos uma penumbra, são muito favoráveis à concentração.

Antes de iniciar a cosmo-meditação, respire algumas vezes profunda e vagarosamente para harmonizar as vibrações dos nervos. Durante a meditação respire normalmente.

Qualquer atenção à atividade corporal dificulta a meditação. Deve-se relaxar todas as tensões corporais e esquecer-se totalmente da presença do seu corpo.

Antes de meditar pode-se conscientizar palavras como estas: "Eu e o Pai somos um. O pai está em mim e eu estou no Pai", ou então: "Eu morro todos os dias e é por isto que eu vivo, mas já não sou eu quem vive, é o Cristo que vive em mim".

Depois de ter feito, muitas vezes, a meditação intermitente, em forma de atos diários, a pessoa verificará que a meditação se transforma, pouco a pouco, numa meditação permanente, sem ela saber, numa meditação-atitude, perfeitamente compatível com qualquer trabalho externo, em casa, na escola, no escritório, na fábrica, na loja, em qualquer ambiente.

Esta meditação-atitude, consciente ou inconsciente, não impede, mas até favorece grandemente os trabalhos externos, que ficam como que iluminados e aureolados de um alo de leveza, beleza e felicidade. Então compreenderá o homem o que o divino Mestre quis dizer com as palavras: "Orai sempre e nunca deixeis de orar", isto é, ter sempre a consciência da presença de Deus, mesmo sem pensar nada; ter consciência não é pensamento, consciência é um estado do Eu espiritual, mas não é um processo do ego mental. Quando o homem está em verdadeira consciência espiritual ele não pensa nada, ele está com 100% de consciência espiritual e 0% de pensamento mental, e então ele entra num verdadeiro estado de meditação-atitude, que tem que ser preluadiada por muitas meditações e forma de atos conscientes e supraconscientes.

Convém preludiar a cosmo-meditação com alguma música concentrativa.

Nem todas as músicas clássicas dos grandes mestres são concentrativas; há poucas músicas realmente concentrativas, como por exemplo, o conhecido *Hino a Brahma*, também a *Ave Maria* de Schubert, e a melodia mística do *Aonde fores, eu irei*.

Estas músicas e outras podem servir de prelúdio para a cosmo-meditação. Digo de prelúdio, mas não acompanhar a meditação. Durante a cosmo-meditação deve haver silêncio absoluto, que é a música da Divindade, a música do Infinito. Este silêncio não deve ser apenas físico, mas deve ser também mental e emocional. O homem não deve fazer nada, não deve pensar nada, não deve querer nada durante a cosmo-meditação, mas ficar simplesmente na consciência espiritual.

Esse homem vai ser invadido, por assim dizer, pela alma do próprio Universo. Este universo não está fora dele, este universo, pelo qual ele vai ser invadido, está no seu próprio centro, é a sua consciência central, o seu Eu, a sua alma, o seu espírito. As suas periferias vão ser invadidas pelo seu centro, porque é regra e lei cósmica: onde há uma vacuidade, acontece uma plenitude.

Se o homem consegue esvaziar-se completamente de todos os conteúdos do seu ego humano, infalivelmente vai ser invadido pela alma do universo, que não está fora dele, mas dentro dele mesmo. Esta invasão é automática, mas o esvaziamento do nosso ego é nossa tarefa própria. E aqui está a grande dificuldade. O nosso querido ego não quer ser esvaziado das suas atividades, porque ele não sabe nada fora disto. Ele se defende contra este ego-esvaziamento. Mas cai em transe, na subconsciência. Se isto lhe acontecer nada vai acontecer de grande na meditação, porque no subconsciente nós não podemos realizar a nós mesmos, só podemos nos realizar no supra-consciente. Portanto, quando alguém deixar de pensar e de querer alguma coisa — não caia em ou na inconsciência ou subconsciência, porque isto não resolve nada; tem que subir à supraconsciência à cosmo-consciência.

A cosmo-meditação quando praticada por muito tempo resolve todos os problemas da vida humana. Isto é infalível.

O meditante sentirá pouco a pouco firmeza e segurança, paz e tranquilidade e uma profunda e permanente felicidade. Todos os problemas dolorosos da vida serão resolvidos depois de alguém se habituar a uma profunda e verdadeira cosmo-meditação.

M

Filosofia Univérsica

Sua origem, sua natureza
e sua finalidade

Nenhum homem pode ser realmente feliz, enquanto não se Universificar sintonizando a sua vida com o Deus do mundo no mundo de Deus.

1. Unidade na diversidade

O Centro de Autorrealização Alvorada[1], que funciona em todo o Brasil, com sede na capital de São Paulo, tem por fim iniciar o homem na consciência da sua Realidade interna e eterna. Esta iniciação do homem na verdade sobre si mesmo (autoconhecimento) visa a realização do homem integral (autorrealização).

Para este fim, "Alvorada" não adota nenhuma espécie de filosofia baseada em pessoas, escolas ou sistemas de pensamento, antigos ou modernos, mas guia-se pela própria Constituição Cósmica do Universo. As leis do *macrocosmo mundial* são as mesmas leis do *microcosmo hominal*. Conhecer este é conhecer aquele; autoconhecimento é cosmoconhecimento. A base da Filosofia Univérsica é a Filosofia Hominal.

Nesses últimos decênios, em livros e aulas, temos usado frequentemente a palavra Filosofia Univérsica, forma latinizada do termo grego Filosofia Cósmica.

Numerosas pessoas, não encontrando nos vocabulários a palavra

---

[1] Huberto Rohden faleceu em 1981. Por mais de dez anos, alguns de seus discípulos e leitores tentaram manter a instituição Alvorada de São Paulo em atividade. Por falta de um líder espiritual à altura da mensagem do mestre, resolveram interromper temporariamente esses trabalhos. No Rio de Janeiro e em Portugal há alunos e leitores que continuam divulgando o trabalho espiritual do Rohden. (N. do E.)

"univérsico", perguntam sobre o sentido da mesma. A fim de dar uma resposta coletiva a todos os interessados, e ao mesmo tempo uma sucinta explanação desse movimento, que já é de âmbito nacional, resolvemos publicar o presente resumo.

Depois de ter convivido mais de um ano com Albert Einstein, na Universidade de Princeton, e depois de ter lecionado Filosofia a milhares de jovens e adultos numa das Universidades de Washington D.C., cheguei à conclusão de que, em plena Era Atômica e Cosmonáutica, não podemos mais apresentar a Filosofia nos moldes tradicionais.

A ciência, nos últimos decênios, assumiu um caráter *monista* como nunca dantes; o seu antigo pluralismo heterogêneo culminou num monismo homogêneo, que focaliza aparente diversidade do Cosmo numa fascinante unidade. Esta unificação da pluralidade é devida, sobretudo, ao fato de ter a matemática de Einstein e a ciência dos físicos demonstrado que os 92 elementos da química, de que são feitas todas as coisas, são essencialmente luz, luz congelada ou semipassivizada, manifestando-se como matéria ou energia. Sabemos hoje analiticamente o que Moisés sabia há 3.500 anos intuitivamente: que todas as coisas do mundo são *lucigênitas*. E, por esta razão, podem ser também *lucificadas*.

Esta verdade, que enche de estupefação os inexperientes e de dúvidas os céticos, é a conquista suprema da inteligência humana do século XX.

Este *monismo físico* da ciência não podia deixar de ter o seu paralelo no *monismo metafísico* da sapiência, ou filosofia. A heterogeneidade diversitária dos sistemas filosóficos estava a clamar por uma homogeneidade unitária que complementasse pelo eterno Uno o efêmero Verso do Universo.

Não era mais possível, em nosso tempo, tomar por base da Filosofia perene, escolas, sistemas e pessoas. Mister se fazia partir de um alicerce mais sólido que não fosse a variável mentalidade humana.

O grande médico russo A. Salmanoff afirma, nos seu livros *Segredo e sabedoria do organismo* e *O milagre da vida*, que encontrou na Europa nada menos de 75 sistemas filosóficos, nenhum dos quais prestou jamais o menor benefício à humanidade. É possível que Salmanoff tenha razão no tocante aos "sistemas filosóficos", produtos do cérebro humano.

Nós, porém, não tratamos de nenhum sistema filosófico mentalmente excogitado — tratamos da eterna e indestrutível realidade do Universo. Tomamos o próprio Cosmo como base e diretriz do pensamento e da vida humana — o Universo que, na sua essência Una e imutável, se manifesta sem cessar no Verso de existências sempre novas: o Universo, Alfa e Ômega da vida humana.

Sendo o Universo Infinito e Finito, Eterno e Temporário — a indestrutível realidade do macrocosmo sideral não pode deixar de ser também a lei que rege o microcosmo hominal; o homem deve tornar-se livremente o que o Universo é automaticamente; deve fazer de si a mesma harmonia que o Creador fez do Cosmo sideral e atômico. O homem univérsico ou integral é uma harmonia creada pelo seu livre-arbítrio.

Os gregos denominavam o Universo *kosmos*, cujo radical significa *beleza*.

Os romanos deram ao Universo o nome *mundus*, que quer dizer *puro*.

Quando o homem se universifica, torna-se belo e puro, como o *kosmos* e o *mundus*.

Se houvesse, no macrocosmo ou no microcosmo, apenas unidade sem diversidade, centripetismo sem centrifuguismo, teríamos uma insuportável monotonia e eterna estagnação.

Se houvesse apenas diversidade sem unidade, centrifuguismo sem centripetismo, acabaria tudo num imenso caos.

Mas, como o Universo é o que o seu nome diz, unidade na diversidade, resulta essa estupenda harmonia, que é o perfeito equilíbrio entre dois polos, aparentemente contrários, mas realmente complementares: o Uno da Causa vertido (Verso) na pluralidade dos efeitos.

O homem univérsico ou universificado pode e deve fazer, pelo poder do livre-arbítrio, o que o cosmo sideral e atômico é por necessidade automática.

É esta a quintessência da Filosofia Univérsica, o Alfa e o Ômega da vida humana.

2. A bipolaridade do mundo e do homem

Átomos e astros se movem em elipses bicêntricas — não existe no Universo um único círculo unicêntrico.

A eletricidade só se manifesta como luz, calor e força, graças à sua bipolaridade positiva e negativa.

Toda a vida superior da terra está baseada na bipolaridade dos elementos masculino e feminino.

Esses dois polos da natureza são rigorosamente equilibrados e funcionam em perfeita harmonia.

De modo análogo, é o Universo hominal governado pela bipolaridade da natureza humana, que a Filosofia e a Psicologia modernas denominam o *Eu* e o *ego*.

A Filosofia multimilenar do Oriente chama o Eu *Atman* e o ego *Aham*.

Os livros sacros do cristianismo usam os termos *Alma* ou espírito divino para designar o Eu central do homem, e a expressão *corpo* ou *mundo* para significar as periferias da natureza humana.

"Que aproveita o homem ganhar o mundo inteiro se chegar a sofrer prejuízo em sua própria alma"? (o Cristo, Eu)

"Eu te darei todos os reinos do mundo e sua glória, se te prostrares em terra e me adorares". (o Anticristo, ego)

O Eu corresponde ao Uni do Universo, e o ego ao elemento Verso.

O homem perfeito e integralmente realizado estabeleceu perfeito equilíbrio entre o seu Uno (Eu) e seu Verso (ego).

O homem profano só cultiva o seu ego, atrofiando o Eu. O místico tenta realizar somente o Eu sem o ego.

O homem cósmico, univérsico, porém, realiza o seu Eu através do seu ego, porque sabe que o Eu ou Uno é Fonte, e o ego ou Verso é canal, pelo qual as águas vivas da nascente fluem e beneficiam a sua vida.

A ciência tem por objeto as leis da natureza externa. A sapiência ou filosofia visa ao conhecimento e à realização do homem interno.

A ciência é cosmo-cêntrica.

A filosofia é ântropo-cêntrica.

O aperfeiçoamento do Eu ou da alma humana é o fim supremo da vida — e essa realização se faz através do ego, cujos elementos são o corpo, a mente e as emoções.

Sendo que a evolução do homem começa pela periferia e vai rumo ao centro, os grandes Mestres da humanidade insistem sobretudo no desenvolvimento do Eu ou da alma humana, a fim de evitarem a hipertrofia unilateral do ego e a atrofia do Eu.

O homem perfeito é o homem cósmico ou universificado, que estabeleceu perfeito equilíbrio e harmonia entre os dois polos interno e externo. É este o fim supremo de toda a educação verdadeira.

O educador deve *eduzir* de dentro do educando, e desenvolver o Eu dele, a fim de equilibrá-lo com seu ego.

3. O problema da felicidade humana

Os maiores médicos e psiquiatras do mundo concedem e confessam que o grosso da humanidade hodierna é neurótica, frustrada ou esquizofrênica. O Dr. Victor Frankl, diretor da Policlínica Neurológica da Universidade de Viena, em diversos livros traz estatísticas pavorosas sobre essa calamidade do homem civilizado dos nossos dias. E dá também o diagnóstico do mal: a *falta de uma consciência de unidade*. O homem moderno, hipertrofiado na sua diversidade (ego) e atrofiado na sua unidade (Eu), é a consequência dessa descosmificação do homem, que não podia deixar de acabar num caos, em que a dispersividade derrotou a centralidade.

Frustrar é a palavra latina para despedaçar, fragmentar, desintegrar. O homem frustrado sente-se realmente como que desintegrado interiormente, o que produz nele um senso de profunda infelicidade. Em última análise, toda felicidade provém de uma consciência de coesão e integridade. O homem é infeliz porque perdeu a consciência da sua inteireza e unidade; pode ser uma personalidade, uma *persona* (máscara), mas deixou de ser uma individualidade, um ser indiviso em si mesmo. Unidade, integridade, felicidade, são sinônimos.

Muitos frustrados acabam em esquizofrenia. A palavra esquizofrênico quer dizer, em grego, mente partida. O homem mentalmente fragmentado é um homem desunido, descosmificado.

Onde não há realização existencial há necessariamente uma frustração existencial, que é o motivo da infelicidade de milhares de homens.

O homem que deixou de ser cosmo pela unidade acaba, cedo ou tarde, num caos pela desunião consigo mesmo. As leis que regem o Universo sideral regem também o Universo hominal.

Os Mestres da vida, além de fazerem o diagnóstico da enfermidade, indicam também a sua cura. Victor Frankl cura os seus doentes frustrados com *logoterapia*, mostrando-lhes o caminho para restabelecer a sua integridade existencial, despertando-lhes a consciência do seu *Lógos* interno, o seu Eu, a sua alma. E os que conseguem fazer gravitar os planetas dos seus egos em torno do sol do seu Eu, restabelecem a harmonia e felicidade da sua existência.

Krishna, na Bhagavad Gita, afirma que o ego é o pior inimigo do Eu, mas que o Eu é o maior amigo do ego. O próprio Einstein, à luz da sua matemática metafísica, mostra que do caminho dos fatos (ego) não conduz nenhum caminho para o mundo dos valores (Eu).

Que é tudo isto senão Filosofia Univérsica, expressa de outra forma? O homem, para ter harmonia e felicidade, deve ter um centro de gravitação fixo e imutável, deve afirmar a soberania da sua substância divina sobre todas as tiranias das circunstâncias humanas — deve ser Universificado.

Em quase todos os meus livros tenho frisado esse caráter cósmico da vida humana, sobretudo nos mais recentes: *Educação do homem integral, Entre dois mundos, Einstein, o enigma da Matemática, Rumo à consciência cósmica, Saúde e felicidade pela cosmo-meditação, Sabedoria das parábolas*, etc.

Nada disto, porém, é possível, se o homem passar as 24 horas do dia na zona da dispersividade centrífuga do ego, e não der uma hora sequer à concentração centrípeta do Eu. As leis cósmicas são inexoráveis e imutáveis, tanto no mundo sideral como no mundo hominal. Obedecer a essas leis da natureza humana é harmonia e felicidade — desobedecer-lhes é caos e infelicidade.

Não somos advogados da passividade contemplativa de certos orientais — mas defensores da harmonia e do equilíbrio entre atividade e passividade, entre introversão e extroversão, entre concentração e expansão, entre implosão e explosão, que são o característico de todos os setores da natureza. Enquanto o homem não se "naturalizar" ou cosmificar, será sempre frustrado e infeliz. Uma hora, ou meia hora, de profunda *cosmo-meditação* pode dar ao homem o devido equilíbrio para o resto do dia.

Não recomendamos a meditação em forma de pensamentos analíticos, que é ineficiente, mas recomendamos a profunda sintonização com a alma do Universo, o esvaziamento de toda a ego-consciência, para que a plenitude cosmo-consciência possa plenificar com as águas vivas da fonte divina a vacuidade dos canais humanos. Enquanto a ego-plenitude (egocentrismo, egolatria) funciona, a teo-plenitude não pode funcionar. É lei cósmica: plenitude só enche vacuidade, ou, na linguagem dos livros sacros, "Deus resiste aos soberbos (ego-plenos), mas dá sua graça aos humildes (ego-vácuos)".

Durante a *cosmo-meditação* deve o homem esvaziar-se de todos os conteúdos do seu ego-humano — sentimentos, pensamentos e desejos — mantendo, porém, plenamente vigil a sua consciência espiritual; deve manter 100% de teo-consciência (Eu) e reduzir a ego-consciência a 0%.

O fim da Filosofia Univérsica é, pois, estabelecer no homem a mesma harmonia que existe no Universo, com a diferença de que no homem esta harmonia é voluntária e livre, enquanto no cosmo ela é automática.

Esta harmonia livremente estabelecida pode dar ao homem uma felicidade consciente infinitamente maior do que toda a harmonia, beleza e felicidade do Universo extra-hominal.

O esforço inicial dessa harmonização vale a pena pela subsequente felicidade da vida humana.

No princípio necessita o principiante de períodos determinados, em lugar certo para essa integração; mais tarde pode ele manter a concentração interior no meio de todas as dispersões exteriores, pode unir a sua implosão mística com todas as explosões dinâmicas; pode viver simultaneamente no Deus do mundo e nos mundos de Deus.

4. Evolução rumo ao homem univérsico

Cada vez mais se acentua a evolução centrípeta da humanidade, em todos os setores: científico, filosófico e religioso. E esta evolução centrípeta tende a culminar na evolução do homem cósmico e crístico.

O homem se sente cada vez mais como um *fator auto-agente*, e cada vez menos como um simples *fato alo-agido*.

O homem se sente cada vez mais como alguém, e cada vez menos como *algo*. Cada vez mais como o *sujeito central*, cada vez menos como um *objeto periférico*.

O homem de hoje tem nítida consciência do seu caráter de presente ativo e *fator auto-determinante*, superando o seu passado passivo de *fato alo-determinado*.

O homem diz cada vez mais como o poeta inglês: "Eu sou o senhor do meu destino — eu sou o comandante da minha vida".

Há tempo que a elite da humanidade ocidental superou a sua *infância heterônoma*, entrou na *adolescência egônoma*, e está despertando para a *maturidade autônoma*.

Na infância, o homem é *alo-determinado* pelos pais e por outros fatores alheios ao seu ser.

Na adolescência, o homem tenta ser *ego-determinante* pela sua personalidade intelectual.

Com a entrada na maturidade, o homem se torna *auto-determinante*, sob os auspícios da sua individualidade espiritual.

Da *inconsciência* da infância, através da *semiconsciência* da adolesciência, sobe o homem às alturas da *pleniconsciência* da sua adultez definitiva.

Esse processo ascensional é, sobretudo, visível no setor filosófico-religioso.

Durante muitos séculos, o homem espiritualmente infantil estava convencido — ou melhor, persuadido — de que ele era mau em virtude de um fator alheio, negativo, de um tal diabo, Satanás ou Anticristo. Em grande parte a humanidade de hoje ainda acredita piamente que alguém fez o homem pecador, à sua própria revelia; que ele é essencialmente mau, negativo, pecador; que todo o homem nasce e foi concebido em pecado, graças a um fator alheio à sua própria consciência e vontade. Todas as igrejas cristãs do Ocidente professam essa ideologia de *maldade heterônoma*: o homem foi feito mau por alguém, herdou uma maldade inconscientemente. Os próprios discípulos do Cristo perguntaram ao Mestre se o cego de nascença herdara a causa da cegueira de seus antepassados pecadores ou da sua própria pré-existência pecadora; queriam saber se o cego recebera o mal da cegueira de malfeitores alheios ou do seu próprio malfeitor numa encarnação anterior.

O Nazareno, porém, nega ambas as alternativas sugeridas e passa para uma terceira solução, que até hoje é um enigma para muitos. O certo é que o Cristo nega a *alo-maldade* para explicar o mal desse sofrimento.

Se houvesse a possibilidade de uma alo-maldade herdada pelo homem, deveria haver também a possibilidade de uma *alo-bondade* que o homem pudesse receber de um fator alheio; se alguém me fez mau e pecador, é lógico que alguém me possa fazer bom e santo; se um tal Anticristo me pode *perder*, um Cristo me deve poder *salvar*. E, como todas as igrejas cristãs aceitaram o primeiro, não podiam deixar de aceitar o segundo: alo-redenção neutralizando alo-perdição.

O Cristo, felizmente, nada sabe de alo-perdição nem de alo-redenção. Para ele, é certo que o homem colherá aquilo que ele mesmo ou a humanidade semearam. Para o maior gênio espiritual da humanidade não há alo-perdição nem alo-redenção, mas tão-somente *ego-perdição* e *auto-redenção*.

Nisto se revela a mais alta lógica e racionalidade do Cristo — e também a maior apoteose do livre-arbítrio do homem. O Cristo poderia dizer como o poeta-filósofo: O homem é o senhor do seu destino, negativo e positivo; o homem é o comandante da sua vida de pecador e de justo.

* * *

Quando a humanidade *medieval* saiu, em parte, da sua longa infância espiritual, caracterizada pela idéia da heteronomia do mal e do bem, de alo-perdição e alo-redenção — o homem da Renascença despertou, parcialmente, para a consciência do seu poder autônomo; compreendeu que ele mesmo, e não alguém fora dele, era o autor da sua maldade e da sua bondade, do seu ser-mau e do seu ser-bom. Mas, como o homem da Renascença, depois de deixar a sua infância medieval, não era ainda um homem plenamente adulto, e sim apenas um adolescente semiadulto, esse homem descobriu apenas uma parte da sua natureza hominal, descobriu a *personalidade* do seu ego-mental, mas ainda não a *individualidade* do seu Eu-espiritual.

E o homem-ego renascentista apelou para o seu ego personal para se redimir das suas maldades e dos seus males. Há cerca de quatro séculos que o homem da Renascença nos prometeu que, pelo poder da inteligência do seu ego, ia crear o céu sobre a terra; prometeu, e em parte continua a crer, que a ciência e a técnica, filhas da inteligência, possam abolir as maldades e os males; o ego, segundo ele, tem o poder mágico de fechar *cadeias* e *penitenciárias*, *hospitais* e *hospícios*, contanto que abra bastantes *escolas* e *laboratórios*.

Isto nos foi prometido há séculos, em nome de Sua Majestade a ciência e a técnica, filhas da inteligência do homem-ego.

Mas, quatro séculos de promessas de céu na terra não cumpriram a sua palavra, e sobretudo a humanidade do século vinte, que passou por duas guerras mundiais, e está em vésperas de uma possível conflagração mundial, não pode mais crer no poder redentor da civilização e da cultura creadas pelo ego.

O grande erro da Renascença, que está agonizante, foi a confusão entre o *fator ego* e o *fator Eu* — ou melhor, foi o deplorável desconhecimento ou menosprezo do *Eu espiritual* do homem — e essa ignorância ou desprezo continuam até os nossos dias.

Hoje em dia, finalmente, a humanidade-elite está começando a compreender, ou talvez a vislumbrar, que o ego é fator de *perdição*, mas não é fator de *redenção*. E muitos estão começando a compreender que, para crearmos o homem integral, realmente remido, temos de acrescentar ao negativo do ego o fator positivo do Eu. Em nosso Universo, tudo é bipolar, e nada funciona unipolarmente.

Surge agora o magno problema: como despertar no homem o fator Eu, para fazer com o ego a complementação do homem integral.

O fator ego, quando isolado, é perdição funesta, porque adultera a sua função de *servidor* e se arroga a função de *senhor* do homem.

A sabedoria multimilenar da Bhagavad Gita de Krishna diz: "O ego é um péssimo senhor, mas é um ótimo servidor".

E a sabedoria quase bimilenar do Evangelho do Cristo dá ordem ao ego anticrístico para se pôr na retaguarda do Eu crístico como servidor, e não na vanguarda como senhor:

"Só a Deus adorarás e só a ele servirás".

O homem integral não é um ego sem Eu, nem um Eu sem ego — mas sim um senhor na vanguarda e um servidor na retaguarda.

No Universo físico não há substituição de um polo pelo outro. E como poderia o Universo metafísico ser diferente? Todo o cosmo sideral e hominal é uma grandiosa síntese de polos complementares perfeitamente equilibrados e harmoniosos.

O homem integral é o homem cósmico, o homem univérsico, o homem crístico.

A humanidade, através de muitas lutas, está começando a vislumbrar esta integração da natureza humana: a *auto-redenção* pelo Eu divino compensando a *ego-perdição* proveniente do ego humano.

* * *

A Filosofia Univérsica quando plenamente conscientizada e integralmente vivenciada, conduz infalivelmente à autorrealização, creando o Homem Integral, o Homem Cósmico, o Homem Univérsico, o Homem Crístico.

5. Do ego mental ao eu espiritual

Quando o homem transpõe a fronteira do seu ego mental e se transmentaliza rumo ao Eu espiritual, sem perder o contato com a zona mental — então aparece o Homem Integral, o Homem Cósmico, o Homem Univérsico.

O ego mental não é destruído pelo Eu espiritual, é integrado nele.

Para compreender melhor esse processo, sirvamo-nos de uma ilustração tirada da matemática. Demos ao ego mental o número 10, e ao Eu espiritual o símbolo 100.

De dois modos podemos destruir o 10: ou tirando-lhe o sinal "1", ou acrescentando-lhe o sinal "O". No primeiro caso, em vez de 10, temos "O", isto é, zero, anulação, destruição. No segundo caso temos 100. Este 100 praticamente anulou o 10, o 10 separado, isolado; não o destruiu por diminuição, mas por aumento; não o destruiu negativamente, mas positivamente: isto é, destruiu-o construindo-o. No 100 permaneceu a essência ou alma do 10; desapareceu apenas a sua existência ou o seu corpo. O pequeno 10 foi integrado no grande 100; a parte foi completada pelo TODO.

Na *cosmo-meditação* acontece o segundo caso. Quando o ego mental se integra no Eu espiritual, acontece o que ocorre quando o *menor* (10) se integra no *maior* (100): não morre, mas vive mais intensamente; não morre para dentro da morte, mas morre para dentro da vida, de uma vida maior; desaparece a sua pseudovida transformada numa vida verdadeira.

É o que os Mestres espirituais chamam "egocídio", morrer espontaneamente antes de ser morto compulsoriamente. O egocídio é uma espécie de morte metafísica voluntária.

Neste sentido escreve Paulo de Tarso: "Eu morro todos os dias, e é por isto que eu vivo; mas não sou eu que vivo, o Cristo é que vive em mim".

No mesmo sentido disse o Cristo: "Se o grão de trigo não morrer ficará estéril, mas se morrer produzirá muito fruto".

É esta a *cosmo-meditação* praticada pelo Centro de Autorrealização Alvorada.

É esta a finalidade da *cosmo-meditação*: a integração do ego mental ilusório no Eu espiritual verdadeiro; ou seja, autorrealização pelo autoconhecimento: a creação do Homem Integral, do Homem Cósmico, do Homem Univérsico.

Quem vive realmente a Filosofia Univérsica realiza em si o Homem Univérsico.

O Homem Univérsico é o homem feliz.

Ⱶ

DADOS BIOGRÁFICOS

Huberto Rohden

N asceu na antiga região de Tubarão, hoje São Ludgero, Santa Catarina, Brasil em 1893. Fez estudos no Rio Grande do Sul. Formou-se em Ciências, Filosofia e Teologia em universidades da Europa — Innsbruck (Áustria), Valkenburg (Holanda) e Nápoles (Itália).

De regresso ao Brasil, trabalhou como professor, conferencista e escritor. Publicou mais de 65 obras sobre ciência, filosofia e religião, entre as quais várias foram traduzidas para outras línguas, inclusive para o esperanto; algumas existem em braile, para institutos de cegos.

Rohden não era filiado a nenhuma igreja, seita ou partido político. Fundou e dirigiu o movimento filosófico e espiritual Alvorada.

De 1945 a 1946 teve uma bolsa de estudos para pesquisas científicas, na Universidade de Princeton, New Jersey (Estados Unidos), onde conviveu com Albert Einstein e lançou os alicerces para o movimento de âmbito mundial da Filosofia Univérsica, tomando por base do pensamento e da vida humana a constituição do próprio Universo, evidenciando a afinidade entre Matemática, Metafísica e Mística.

Em 1946, Huberto Rohden foi convidado pela American University, de Washington, D.C., para reger as cátedras de Filosofia Universal e de Religiões Comparadas, cargo este que exerceu durante cinco anos.

Durante a última Guerra Mundial foi convidado pelo Bureau of Inter-American Affairs, de Washington, para fazer parte do corpo de tradutores das notícias de guerra, do inglês para o português. Ainda na American University, de Washington, fundou o Brazilian Center, centro cultural brasileiro, com o fim de manter intercâmbio cultural entre o Brasil e os Estados Unidos.

Na capital dos Estados Unidos, Rohden frequentou, durante três anos, o Golden Lotus Temple, onde foi iniciado em *Kriya-yoga* por Swami Premananda, diretor hindu desse *ashram*.

Ao fim de sua permanência nos Estados Unidos, Huberto Rohden foi convidado para fazer parte do corpo docente da nova International Christian University (ICU) de Metaka, Japão, a fim de reger as cátedras de Filosofia Universal e Religiões Comparadas; mas, por causa da guerra na Coréia, a universidade japonesa não foi inaugurada, e Rohden regressou ao Brasil. Em São Paulo foi nomeado professor de Filosofia na Universidade Mackenzie, cargo do qual não tomou posse.

Em 1952, fundou em São Paulo a Instituição Cultural e Beneficente Alvorada, onde mantinha cursos permanentes em São Paulo, Rio de Janeiro e Goiânia, sobre Filosofia Univérsica e Filosofia do Evangelho, e dirigia Casas de Retiro Espiritual (*ashrams*) em diversos estados do Brasil.

Em 1969, Huberto Rohden empreendeu viagens de estudo e experiência espiritual pela Palestina, Egito, Índia e Nepal, realizando diversas conferências com grupos de iogues na Índia.

Em 1976, Rohden foi chamado a Portugal para fazer conferências sobre autoconhecimento e autorrealização. Em Lisboa fundou um setor do Centro de Autorrealização Alvorada.

Nos últimos anos, Rohden residia na capital de São Paulo, onde permanecia alguns dias da semana escrevendo e reescrevendo seus livros, nos textos definitivos. Costumava passar três dias da semana no *ashram*, em contato com a natureza, plantando árvores, flores ou trabalhando no seu apiário-modelo.

Quando estava na capital, Rohden frequentava periodicamente a editora responsável pela publicação de seus livros, dando-lhe orientação cultural e inspiração.

À zero hora do dia 8 de outubro de 1981, após longa internação em uma clínica naturista de São Paulo, aos 87 anos, o professor Huberto Rohden partiu deste mundo e do convívio de seus amigos e discípulos. Suas últimas palavras em estado consciente foram: "Eu vim para servir à Humanidade".

Rohden deixa, para as gerações futuras, um legado cultural e um exemplo de fé e trabalho somente comparados aos dos grandes homens do século XX.

Huberto Rohden é o principal editando da Editora Martin Claret.

Relação de obras do Prof. Huberto Rohden

Coleção Filosofia Universal

O pensamento filosófico da Antiguidade
A filosofia contemporânea
O espírito da filosofia oriental

Coleção Filosofia do Evangelho

Filosofia cósmica do Evangelho
O Sermão da Montanha
Assim dizia o Mestre
O triunfo da vida sobre a morte
O nosso Mestre

Coleção Filosofia da Vida

De alma para alma
Ídolos ou ideal?
Escalando o Himalaia
O caminho da felicidade
Deus
Em espírito e verdade
Em comunhão com Deus
Cosmorama
Por que sofremos

Lúcifer e Lógos
A grande libertação
Bhagavad Gita (tradução)
Setas para o infinito
Entre dois mundos
Minhas vivências na Palestina, Egito e Índia
Filosofia da arte
A arte de curar pelo espírito. Autor: Joel Goldsmith (tradução)
Orientando
"Que vos parece do Cristo?"
Educação do homem integral
Dias de grande paz (tradução)
O drama milenar do Cristo e do Anticristo
Luzes e sombras da alvorada
Roteiro cósmico
A metafísica do cristianismo
A voz do silêncio
Tao Te Ching de Lao-tse (tradução) — ilustrado
Sabedoria das parábolas
O 5º Evangelho segundo Tomé (tradução)
A nova humanidade
A mensagem viva do Cristo (Os quatro Evangelhos — tradução)
Rumo à consciência cósmica
O homem
Estratégias de Lúcifer
O homem e o Universo
Imperativos da vida
Profanos e iniciados
Novo Testamento
Lampejos evangélicos
O Cristo cósmico e os essênios
A experiência cósmica

Coleção Mistérios da Natureza

Maravilhas do Universo
Alegorias
Ísis
Por mundos ignotos

Coleção Biografias

Paulo de Tarso
Agostinho
Por um ideal — 2 vols. — autobiografia
Mahatma Gandhi — ilustrado
Jesus Nazareno — 2 vols.
Einstein — O enigma da Matemática — ilustrado
Pascal — ilustrado
Myriam

Coleção Opúsculos

Catecismo da filosofia
Saúde e felicidade pela cosmo-meditação
Assim dizia Mahatma Gandhi (100 pensamentos-tradução)
Aconteceu entre 2000 e 3000
Ciência, milagre e oração são compatíveis?
Autoiniciação e cosmo-meditação
Filosofia univérsica – sua origem, sua natureza e sua finalidade

Sumário

Advertência 11
Explicações necessárias 13

CATECISMO DA FILOSOFIA

Prelúdio 19
1. Deus 23
2. O homem 25
3. Queda e redenção do homem 29
4. Céu, inferno e purgatório 32
5. Do livre-arbítrio humano 34
6. Imortal, imortalizável, mortal 37
7. Anjo, diabo, demônio 39
8. Da revelação divina 41
9. Do Cristo cósmico e do Cristo telúrico 43
10. Da graça e da fé 45
11. Dos sacramentos 47
12. Da Igreja do Cristo 49

SAÚDE E FELICIDADE PELA COSMO-MEDITAÇÃO

Que é cosmo-meditação 53
Para os principiantes na cosmo-meditação 58
O testamento do Cristo e sua terapia (exorcismo) 60
O reino de Deus aqui e agora 62

Aconteceu entre os anos 2000 e 3000

Explicações necessárias ....
1. Era pelo ano 2000... ....
2. Era pelo ano 3000... ....

Ciência, milagre e oração são compatíveis?

O milagre é contra as leis da natureza? ....
Pode a oração modificar as leis da natureza? ....
Que é orar? Um ato ou uma atitude? ....

Autoiniciação e cosmo-meditação

Autoiniciação ....
Cosmo-meditação ....

Filosofia Univérsica

1. Unidade na diversidade ....
2. A bipolaridade do mundo e do homem ....
3. O problema da felicidade humana ....
4. Evolução rumo ao homem univérsico ....
5. Do ego mental ao eu espiritual ....

Dados biográficos ....

O Objetivo, a filosofia e a missão da Editora Martin Claret

O principal objetivo da Martin Claret é contribuir para a difusão da educação e da cultura, por meio da democratização do livro, usando canais de comercialização habituais, além de criar novos.

A filosofia de trabalho da Martin Claret consiste em produzir livros de qualidade a um preço acessível, para que possam ser apreciados pelo maior número possível de leitores.

A missão da Martin Claret é conscientizar e motivar as pessoas a desenvolver e utilizar o seu pleno potencial espiritual, mental, emocional e social.

O livro muda as pessoas. Revolucione-se: leia mais para ser mais!

MARTIN CLARET

Relação dos Volumes Publicados

1. **Dom Casmurro**
   Machado de Assis
2. **O Príncipe**
   Maquiavel
3. **Mensagem**
   Fernando Pessoa
4. **O Lobo do Mar**
   Jack London
5. **A Arte da Prudência**
   Baltasar Gracián
6. **Iracema / Cinco Minutos**
   José de Alencar
7. **Inocência**
   Visconde de Taunay
8. **A Mulher de 30 Anos**
   Honoré de Balzac
9. **A Moreninha**
   Joaquim Manuel de Macedo
10. **A Escrava Isaura**
    Bernardo Guimarães
11. **As Viagens - "Il Milione"**
    Marco Polo
12. **O Retrato de Dorian Gray**
    Oscar Wilde
13. **A Volta ao Mundo em 80 Dias**
    Júlio Verne
14. **A Carne**
    Júlio Ribeiro
15. **Amor de Perdição**
    Camilo Castelo Branco
16. **Sonetos**
    Luís de Camões
17. **O Guarani**
    José de Alencar
18. **Memórias Póstumas de Brás Cubas**
    Machado de Assis
19. **Lira dos Vinte Anos**
    Álvares de Azevedo
20. **Apologia de Sócrates / Banquete**
    Platão
21. **A Metamorfose/Um Artista da Fome/Carta a Meu Pai**
    Franz Kafka
22. **Assim Falou Zaratustra**
    Friedrich Nietzsche
23. **Triste Fim de Policarpo Quaresma**
    Lima Barreto
24. **A Ilustre Casa de Ramires**
    Eça de Queirós
25. **Memórias de um Sargento de Milícias**
    Manuel Antônio de Almeida
26. **Robinson Crusoé**
    Daniel Defoe
27. **Espumas Flutuantes**
    Castro Alves
28. **O Ateneu**
    Raul Pompéia
29. **O Noviço / O Juiz de Paz da Roça / Quem Casa Quer Casa**
    Martins Pena
30. **A Relíquia**
    Eça de Queirós
31. **O Jogador**
    Dostoiévski
32. **Histórias Extraordinárias**
    Edgar Allan Poe
33. **Os Lusíadas**
    Luís de Camões
34. **As Aventuras de Tom Sawyer**
    Mark Twain
35. **Bola de Sebo e Outros Contos**
    Guy de Maupassant
36. **A República**
    Platão
37. **Elogio da Loucura**
    Erasmo de Rotterdam
38. **Caninos Brancos**
    Jack London
39. **Hamlet**
    William Shakespeare
40. **A Utopia**
    Thomas More
41. **O Processo**
    Franz Kafka
42. **O Médico e o Monstro**
    Robert Louis Stevenson
43. **Ecce Homo**
    Friedrich Nietzsche
44. **O Manifesto do Partido Comunista**
    Marx e Engels
45. **Discurso do Método / Meditações**
    René Descartes
46. **Do Contrato Social**
    Jean-Jacques Rousseau
47. **A Luta pelo Direito**
    Rudolf von Ihering
48. **Dos Delitos e das Penas**
    Cesare Beccaria
49. **A Ética Protestante e o Espírito do Capitalismo**
    Max Weber
50. **O Anticristo**
    Friedrich Nietzsche
51. **Os Sofrimentos do Jovem Werther**
    Goethe
52. **As Flores do Mal**
    Charles Baudelaire
53. **Ética a Nicômaco**
    Aristóteles
54. **A Arte da Guerra**
    Sun Tzu
55. **Imitação de Cristo**
    Tomás de Kempis
56. **Cândido ou o Otimismo**
    Voltaire
57. **Rei Lear**
    William Shakespeare
58. **Frankenstein**
    Mary Shelley
59. **Quincas Borba**
    Machado de Assis
60. **Fedro**
    Platão
61. **Política**
    Aristóteles
62. **A Viuvinha / Encarnação**
    José de Alencar
63. **As Regras do Método Sociológico**
    Émile Durkheim
64. **O Cão dos Baskervilles**
    Sir Arthur Conan Doyle
65. **Contos Escolhidos**
    Machado de Assis
66. **Da Morte / Metafísica do Amor / Do Sofrimento do Mundo**
    Arthur Schopenhauer
67. **As Minas do Rei Salomão**
    Henry Rider Haggard
68. **Manuscritos Econômico-Filosóficos**
    Karl Marx
69. **Um Estudo em Vermelho**
    Sir Arthur Conan Doyle
70. **Meditações**
    Marco Aurélio
71. **A Vida das Abelhas**
    Maurice Materlinck
72. **O Cortiço**
    Aluísio Azevedo
73. **Senhora**
    José de Alencar
74. **Brás, Bexiga e Barra Funda / Laranja da China**
    Antônio de Alcântara Machado
75. **Eugênia Grandet**
    Honoré de Balzac
76. **Contos Gauchescos**
    João Simões Lopes Neto
77. **Esaú e Jacó**
    Machado de Assis
78. **O Desespero Humano**
    Sören Kierkegaard
79. **Dos Deveres**
    Cícero
80. **Ciência e Política**
    Max Weber
81. **Satíricon**
    Petrônio
82. **Eu e Outras Poesias**
    Augusto dos Anjos
83. **Farsa de Inês Pereira / Auto da Barca do Inferno / Auto da Alma**
    Gil Vicente
84. **A Desobediência Civil e Outros Escritos**
    Henry David Toreau
85. **Para Além do Bem e do Mal**
    Friedrich Nietzsche
86. **A Ilha do Tesouro**
    R. Louis Stevenson
87. **Marília de Dirceu**
    Tomás A. Gonzaga
88. **As Aventuras de Pinóquio**
    Carlo Collodi
89. **Segundo Tratado Sobre o Governo**
    John Locke
90. **Amor de Salvação**
    Camilo Castelo Branco
91. **Broquéis/Faróis/Últimos Sonetos**
    Cruz e Souza
92. **I-Juca-Pirama / Os Timbiras / Outros Poemas**
    Gonçalves Dias
93. **Romeu e Julieta**
    William Shakespeare
94. **A Capital Federal**
    Arthur Azevedo
95. **Diário de um Sedutor**
    Sören Kierkegaard
96. **Carta de Pero Vaz de Caminha a El-Rei Sobre o Achamento do Brasil**
97. **Casa de Pensão**
    Aluísio Azevedo
98. **Macbeth**
    William Shakespeare

99. **Édipo Rei/Antígona**
Sófocles

100. **Lucíola**
José de Alencar

101. **As Aventuras de Sherlock Holmes**
Sir Arthur Conan Doyle

102. **Bom-Crioulo**
Adolfo Caminha

103. **Helena**
Machado de Assis

104. **Poemas Satíricos**
Gregório de Matos

105. **Escritos Políticos / A Arte da Guerra**
Maquiavel

106. **Ubirajara**
José de Alencar

107. **Diva**
José de Alencar

108. **Eurico, o Presbítero**
Alexandre Herculano

109. **Os Melhores Contos**
Lima Barreto

110. **A Luneta Mágica**
Joaquim Manuel de Macedo

111. **Fundamentação da Metafísica dos Costumes e Outros Escritos**
Immanuel Kant

112. **O Príncipe e o Mendigo**
Mark Twain

113. **O Domínio de Si Mesmo Pela Auto-Sugestão Consciente**
Émile Coué

114. **O Mulato**
Aluísio Azevedo

115. **Sonetos**
Florbela Espanca

116. **Uma Estadia no Inferno / Poemas / Carta do Vidente**
Arthur Rimbaud

117. **Várias Histórias**
Machado de Assis

118. **Fédon**
Platão

119. **Poesias**
Olavo Bilac

120. **A Conduta para a Vida**
Ralph Waldo Emerson

121. **O Livro Vermelho**
Mao Tsé-Tung

122. **Oração aos Moços**
Rui Barbosa

123. **Otelo, o Mouro de Veneza**
William Shakespeare

124. **Ensaios**
Ralph Waldo Emerson

125. **De Profundis / Balada do Cárcere de Reading**
Oscar Wilde

126. **Crítica da Razão Prática**
Immanuel Kant

127. **A Arte de Amar**
Ovídio Naso

128. **O Tartufo ou O Impostor**
Molière

129. **Metamorfoses**
Ovídio Naso

130. **A Gaia Ciência**
Friedrich Nietzsche

131. **O Doente Imaginário**
Molière

132. **Uma Lágrima de Mulher**
Aluísio Azevedo

133. **O Último Adeus de Sherlock Holmes**
Sir Arthur Conan Doyle

134. **Canudos - Diário de Uma Expedição**
Euclides da Cunha

135. **A Doutrina de Buda**
Siddharta Gautama

136. **Tao Te Ching**
Lao-Tsé

137. **Da Monarquia / Vida Nova**
Dante Alighieri

138. **A Brasileira de Prazins**
Camilo Castelo Branco

139. **O Velho da Horta/Quem Tem Farelos?/Auto da Índia**
Gil Vicente

140. **O Seminarista**
Bernardo Guimarães

141. **O Alienista / Casa Velha**
Machado de Assis

142. **Sonetos**
Manuel du Bocage

143. **O Mandarim**
Eça de Queirós

144. **Noite na Taverna / Macário**
Alvares de Azevedo

145. **Viagens na Minha Terra**
Almeida Garrett

146. **Sermões Escolhidos**
Padre Antonio Vieira

147. **Os Escravos**
Castro Alves

148. **O Demônio Familiar**
José de Alencar

149. **A Mandrágora / Belfagor, o Arquidiabo**
Maquiavel

150. **O Homem**
Aluísio Azevedo

151. **Arte Poética**
Aristóteles

152. **A Megera Domada**
William Shakespeare

153. **Alceste/Electra/Hipólito**
Eurípedes

154. **O Sermão da Montanha**
Huberto Rohden

155. **O Cabeleira**
Franklin Távora

156. **Rubáiyát**
Omar Khayyám

157. **Luzia-Homem**
Domingos Olímpio

158. **A Cidade e as Serras**
Eça de Queirós

159. **A Retirada da Laguna**
Visconde de Taunay

160. **A Viagem ao Centro da Terra**
Júlio Verne

161. **Caramuru**
Frei Santa Rita Durão

162. **Clara dos Anjos**
Lima Barreto

163. **Memorial de Aires**
Machado de Assis

164. **Bhagavad Gita**
Krishna

165. **O Profeta**
Khalil Gibran

166. **Aforismos**
Hipócrates

167. **Kama Sutra**
Vatsyayana

168. **O Livro da Jângal**
Rudyard Kipling

169. **De Alma para Alma**
Huberto Rohden

170. **Orações**
Cícero

171. **Sabedoria das Parábolas**
Huberto Rohden

172. **Salomé**
Oscar Wilde

173. **Do Cidadão**
Thomas Hobbes

174. **Porque Sofremos**
Huberto Rohden

175. **Einstein: o Enigma do Universo**
Huberto Rohden

176. **A Mensagem Viva do Cristo**
Huberto Rohden

177. **Mahatma Gandhi**
Huberto Rohden

178. **A Cidade do Sol**
Tommaso Campanella

179. **Setas para o Infinito**
Huberto Rohden

180. **A Voz do Silêncio**
Helena Blavatsky

181. **Frei Luís de Sousa**
Almeida Garrett

182. **Fábulas**
Esopo

183. **Cântico de Natal/ Os Carrilhões**
Charles Dickens

184. **Contos**
Eça de Queirós

185. **O Pai Goriot**
Honoré de Balzac

186. **Noites Brancas e Outras Histórias**
Dostoiévski

187. **Minha Formação**
Joaquim Nabuco

188. **Pragmatismo**
William James

189. **Discursos Forenses**
Enrico Ferri

190. **Medéia**
Eurípedes

191. **Discursos de Acusação**
Enrico Ferri

192. **A Ideologia Alemã**
Marx & Engels

193. **Prometeu Acorrentado**
Esquilo

194. **Iaiá Garcia**
Machado de Assis

195. **Discursos no Instituto dos Advogados Brasileiros / Discurso no Colégio Anchieta**
Rui Barbosa

196. **Édipo em Colono**
Sófocles

197. **A Arte de Curar pelo Espírito**
Joel S. Goldsmith

198. **Jesus, o Filho do Homem**
Khalil Gibran

199. **Discurso sobre a Origem e os Fundamentos da Desigualdade entre os Homens**
Jean-Jacques Rousseau

200. **Fábulas**
La Fontaine

201. **O Sonho de uma Noite de Verão**
William Shakespeare

202. **Maquiavel, o Poder**
José Nivaldo Junior

203. **Ressurreição**
Machado de Assis

204. **O Caminho da Felicidade**
Huberto Rohden

205. **A Velhice do Padre Eterno**
Guerra Junqueiro

206. **O Sertanejo**
José de Alencar

207. **Gitanjali**
Rabindranath Tagore

208. **Senso Comum**
Thomas Paine

209. **Canaã**
Graça Aranha

210. **O Caminho Infinito**
Joel S. Goldsmith

211. **Pensamentos**
Epicuro

212. **A Letra Escarlate**
Nathaniel Hawthorne

213. **Autobiografia**
Benjamin Franklin

214. **Memórias de Sherlock Holmes**
Sir Arthur Conan Doyle

215. **O Dever do Advogado / Posse de Direitos Pessoais**
Rui Barbosa

216. **O Tronco do Ipê**
José de Alencar

217. **O Amante de Lady Chatterley**
D. H. Lawrence

218. **Contos Amazônicos**
Inglês de Souza

219. **A Tempestade**
William Shakespeare

220. **Ondas**
Euclides da Cunha

221. **Educação do Homem Integral**
Huberto Rohden

222. **Novos Rumos para a Educação**
Huberto Rohden

223. **Mulherzinhas**
Louise May Alcott

224. **A Mão e a Luva**
Machado de Assis

225. **A Morte de Ivan Ilicht / Senhores e Servos**
Leon Tolstói

226. **Álcoois e Outros Poemas**
Apollinaire

227. **Pais e Filhos**
Ivan Turguéniev

228. **Alice no País das Maravilhas**
Lewis Carroll

229. **À Margem da História**
Euclides da Cunha

230. **Viagem ao Brasil**
Hans Staden

231. **O Quinto Evangelho**
Tomé

232. **Lorde Jim**
Joseph Conrad

233. **Cartas Chilenas**
Tomás Antônio Gonzaga

234. **Odes Modernas**
Anntero de Quental

235. **Do Cativeiro Babilônico da Igreja**
Martinho Lutero

236. **O Coração das Trevas**
Joseph Conrad

237. **Thais**
Anatole France

238. **Andrômaca / Fedra**
Racine

239. **As Catilinárias**
Cícero

240. **Recordações da Casa dos Mortos**
Dostoiévski

241. **O Mercador de Veneza**
William Shakespeare

242. **A Filha do Capitão / A Dama de Espadas**
Aleksandr Púchkin

243. **Orgulho e Preconceito**
Jane Austen

244. **A Volta do Parafuso**
Henry James

245. **O Gaúcho**
José de Alencar

246. **Tristão e Isolda**
Lenda Medieval Celta de Amor

247. **Poemas Completos de Alberto Caeiro**
Fernando Pessoa

248. **Maiakóvski**
Vida e Poesia

249. **Sonetos**
William Shakespeare

250. **Poesia de Ricardo Reis**
Fernando Pessoa

251. **Papéis Avulsos**
Machado de Assis

252. **Contos Fluminenses**
Machado de Assis

253. **O Bobo**
Alexandre Herculano

254. **A Oração da Coroa**
Demóstenes

255. **O Castelo**
Franz Kafka

256. **O Trovejar do Silêncio**
Joel S. Goldsmith

257. **Alice na Casa dos Espelhos**
Lewis Carrol

258. **Miséria da Filosofia**
Karl Marx

259. **Júlio César**
William Shakespeare

260. **Antônio e Cleópatra**
William Shakespeare

261. **Filosofia da Arte**
Huberto Rohden

262. **A Alma Encantadora das Ruas**
João do Rio

263. **A Normalista**
Adolfo Caminha

264. **Pollyanna**
Eleanor H. Porter

265. **As Pupilas do Senhor Reitor**
Júlio Diniz

266. **As Primaveras**
Casimiro de Abreu

267. **Fundamentos do Direito**
Léon Duguit

268. **Discursos de Metafísica**
G. W. Leibniz

269. **Sociologia e Filosofia**
Emile Durkheim

270. **Cancioneiro**
Fernando Pessoa

271. **A Dama das Camélias**
Alexandre Dumas (filho)

272. **O Divórcio / As Bases da Fé / e outros textos**
Rui Barbosa

273. **Pollyanna Moça**
Eleanor H. Porter

274. **O 18 Brumário de Luís Bonaparte**
Karl Marx

275. **Teatro de Machado de Assis**
Antologia

276. **Cartas Persas**
Montesquieu

277. **Em Comunhão com Deus**
Huberto Rohden

278. **Razão e Sensibilidade**
Jane Austen

279. **Crônicas Selecionadas**
Machado de Assis

280. **Histórias da Meia-Noite**
Machado de Assis

281. **Cyrano de Bergerac**
Edmond Rostand

282. **O Maravilhoso Mágico de Oz**
L. Frank Baum

283. **Trocando Olhares**
Florbela Espanca

284. **O Pensamento Filosófico da Antiguidade**
Huberto Rohden

285. **Filosofia Contemporânea**
Huberto Rohden

286. **O Espírito da Filosofia Oriental**
Huberto Rohden

287. **A Pele do Lobo / O Badejo / o Dote**
Artur Azevedo

288. **Os Bruzundangas**
Lima Barreto

289. **A Pata da Gazela**
José de Alencar

290. **O Vale do Terror**
Sir Arthur Conan Doyle

291. **O Signo dos Quatro**
Sir Arthur Conan Doyle

292. **As Máscaras do Destino**
Florbela Espanca

293. **A Confissão de Lúcio**
Mário de Sá-Carneiro

294. **Falenas**
Machado de Assis

295. **O Uraguai / A Declamação Trágica**
Basílio da Gama

296. **Crisálidas**
Machado de Assis

297. **Americanas**
Machado de Assis

298. **A Carteira de Meu Tio**
Joaquim Manuel de Macedo

299. **Catecismo da Filosofia**
Huberto Rohden

301. **Rumo à Consciência Cósmica**
Huberto Rohden

302. **COSMOTERAPIA**
Huberto Rohden

303. **BODAS DE SANGUE**
Federico García Lorca

304. **DISCURSO DA SERVIDÃO VOLUNTÁRIA**
Étienne de la Boétie

305. **CATEGORIAS**
Aristóteles

306. **MANON LESCAUT**
Abade Prévost

307. **TEOGONIA / TRABALHOS E DIAS**
Hesíodo

308. **AS VÍTIMAS ALGOZES**
Joaquim Manuel de Macedo

309. **PERSUASÃO**
Jane Austen

SÉRIE OURO
(Livros com mais de 400 p.)

1. **LEVIATÃ**
Thomas Hobbes

2. **A CIDADE ANTIGA**
Fustel de Coulanges

3. **CRÍTICA DA RAZÃO PURA**
Immanuel Kant

4. **CONFISSÕES**
Santo Agostinho

5. **OS SERTÕES**
Euclides da Cunha

6. **DICIONÁRIO FILOSÓFICO**
Voltaire

7. **A DIVINA COMÉDIA**
Dante Alighieri

8. **ÉTICA DEMONSTRADA À MANEIRA DOS GEÔMETRAS**
Baruch de Spinoza

9. **DO ESPÍRITO DAS LEIS**
Montesquieu

10. **O PRIMO BASÍLIO**
Eça de Queirós

11. **O CRIME DO PADRE AMARO**
Eça de Queirós

12. **CRIME E CASTIGO**
Dostoiévski

13. **FAUSTO**
Goethe

14. **O SUICÍDIO**
Émile Durkheim

15. **ODISSÉIA**
Homero

16. **PARAÍSO PERDIDO**
John Milton

17. **DRÁCULA**
Bram Stoker

18. **ILÍADA**
Homero

19. **AS AVENTURAS DE HUCKLEBERRY FINN**
Mark Twain

20. **PAULO – O 13º APÓSTOLO**
Ernest Renan

21. **ENEIDA**
Virgílio

22. **PENSAMENTOS**
Blaise Pascal

23. **A ORIGEM DAS ESPÉCIES**
Charles Darwin

24. **VIDA DE JESUS**
Ernest Renan

25. **MOBY DICK**
Herman Melville

26. **OS IRMÃOS KARAMAZOVI**
Dostoiévski

27. **O MORRO DOS VENTOS UIVANTES**
Emily Brontë

28. **VINTE MIL LÉGUAS SUBMARINAS**
Júlio Verne

29. **MADAME BOVARY**
Gustave Flaubert

30. **O VERMELHO E O NEGRO**
Stendhal

31. **OS TRABALHADORES DO MAR**
Victor Hugo

32. **A VIDA DOS DOZE CÉSARES**
Suetônio

34. **O IDIOTA**
Dostoiévski

35. **PAULO DE TARSO**
Huberto Rohden

36. **O PEREGRINO**
John Bunyan

37. **AS PROFECIAS**
Nostradamus

38. **NOVO TESTAMENTO**
Huberto Rohden

39. **O CORCUNDA DE NOTRE DAME**
Victor Hugo

40. **ARTE DE FURTAR**
Anônimo do século XVII

41. **GERMINAL**
Émile Zola

42. **FOLHAS DE RELVA**
Walt Whitman

43. **BEN-HUR — UMA HISTÓRIA DOS TEMPOS DE CRISTO**
Lew Wallace

44. **OS MAIAS**
Eça de Queirós

45. **O LIVRO DA MITOLOGIA**
Thomas Bulfinch

46. **OS TRÊS MOSQUETEIROS**
Alexandre Dumas

47. **POESIA DE ÁLVARO DE CAMPOS**
Fernando Pessoa

48. **JESUS NAZARENO**
Huberto Rohden

49. **GRANDES ESPERANÇAS**
Charles Dickens

50. **A EDUCAÇÃO SENTIMENTAL**
Gustave Flaubert

51. **O CONDE DE MONTE CRISTO (VOLUME I)**
Alexandre Dumas

52. **O CONDE DE MONTE CRISTO (VOLUME II)**
Alexandre Dumas

53. **OS MISERÁVEIS (VOLUME I)**
Victor Hugo

54. **OS MISERÁVEIS (VOLUME II)**
Victor Hugo

55. **DOM QUIXOTE DE LA MANCHA (VOLUME I)**
Miguel de Cervantes

56. **DOM QUIXOTE DE LA MANCHA (VOLUME II)**
Miguel de Cervantes

58. **CONTOS ESCOLHIDOS**
Artur Azevedo

59. **AS AVENTURAS DE ROBIN HOOD**
Howard Pyle